제3권 · 제자양육 Ⅲ

그리스도인의 새생활

이문선 지음 · 두루제자훈련원 편

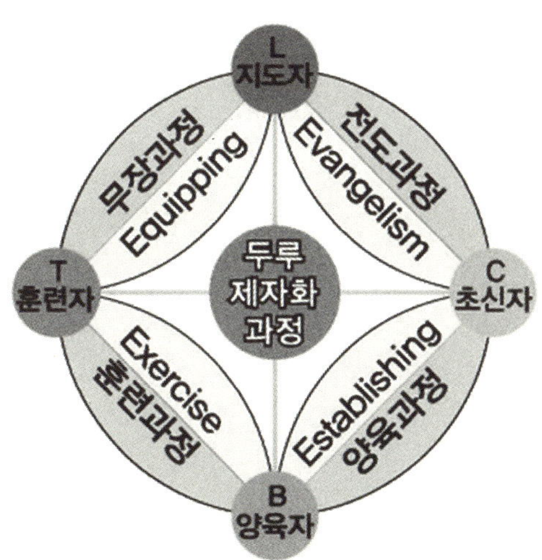

엔크리스토
ENCHRISTO

“예수께서 모든 도시와 마을에 두루 다니사
그들의 회당에서 가르치시며
천국 복음을 전파하시며
모든 병과 모든 약한 것을 고치시니라”

(마 9:35)

두루제자훈련원(두루선교회)은
예수님이 모든 도시와 마을에 두루 다니사
가르치시며(teaching ministry)
전파하시며(preaching ministry)
고치시는(healing ministry)
사역을 하신 것을 통하여
두루선교에 대한 비전을 가지고 사역하고 있다.

주님께서 우리에게 부탁하신 지상명령은 이 땅 위에 하나님의 나라를 확장하라는 것입니다.

하나님의 나라를 확장하려면 평신도들이 재생산하는 주님의 제자가 되어야 합니다.

주님의 교회는 성도들을 재생산하는 제자로 훈련시켜야 합니다.

이것은 교회 성장을 넘어 교회보다 더 큰 개념인 하나님 나라의 확장을 이루기 위한 것입니다. 우리는 지상명령을 실천하기 위하여 평신도를 무장하려고 합니다.

이 일을 위한 방편으로 그 동안 교회의 목회 현장에서 목회자들과 성도들과 청년들과 함께 공부해 오던 내용들을 정리하여 부족하지만 교재로 출간하게 되었습니다.

본인의 경우 부교역자 때 처음 청년부에 적용해 보았는데 그들이 예수님을 영접하고 말씀을 열심히 배우고 교회로 돌아오고 변화되는 것을 경험하였습니다.

교회를 개척하여 장년부에도 적용하여 보았는데 기존 교인들보다 오히려 초신자들이 더 열심히 배우고 빠르게 성장하는 것을 경험하였습니다.

고등학생 두 명을 데리고 제자성경공부를 시작하였는데 이들이 크게 성장하여 이후 대학에 들어가 캠퍼스에서 제자훈련을 실시하게 되었습니다.

복음을 듣고 교회 출석하여 6개월만에 학습 받고 캠퍼스 리더로 사역하는 모델도 나왔습니다. 큰 교회는 말할 것도 없거니와 작은 교회는 한번 실시해 보기를 권합니다.

개척교회라 사람이 없으면 여자반, 남자반, 청년반, 학생반 네 반을 만들어 각 반에 최소 두 명으로 시작해 볼 것을 권합니다. 교회가 건강하게 성장하고 성도들이 행복하게 신앙 생활하며 재생산하는 것을 경험하게 될 것입니다.

하나님께서 훈련되고 무장된 성도들을 구름 떼와 같이 일으키셔서 하나님의 나라가 크게 확장되어 가기를 소망합니다.

2006. 새해 아침에

이문선(Moon Sun Lee)

〉〉목회자반

두루제자훈련을 통하여 하나님께서 은혜로 주신 복들을 깨닫게 되었고, 2005년 늦가을 학기에 〈그리스도인의 새생활〉을 공부하면서 감사함과 찬송이 마음속에서 솟아올랐다.

이 세상 무엇과도 비교할 수 없는 소중하고 귀한 축복들을 감사하지 못함을 부끄럽게 생각했다.

성경공부에 우선순위를 두고 열심히 참석하였고 매주 청년회 성경공부 교재로 적용하였는데 주입식이 아닌 토론식으로 유도한 성경공부에 청년들이 흥미를 보였다.

말씀을 생활 속에 실천하였다는 청년들의 고백을 들으면서 변화되어 가고 있는 모습에 기대를 가지고 성경공부를 지도하고 있다.

〉〉평신도반

성경 전체를 아우르는 대 주제에서부터 시작하여 성경 전체를 보는 안목을 갖게 되었다.

구원받은 자 곧 그리스도인이 됨의 의미와 삶을 여러 각도에서 깊이 있게, 자세히 조명해 봄으로 나 자신이 어느 부분에서 다듬어져야 하고, 또 내가 어디까지 왔는지를 가늠해 보는 시간이 되었다. 다시 말해서 그리스도인인 나의 삶의 재발견이라고 할 수 있다.

이로 이해 어떤 방향과 어떤 모습으로 나아가야 할지 알려주셨고, 어떤 특단의 조치가 취해져야 하는지를 알게 하셨다.

그리고 구원을 온전히 이루는 완성 부분에서는 그분의 영광을 나도 입게 되는 것, 곧 주님의 성품을 이루어 하나님의 창조의 걸작품으로 나타나게 될 것을 나도 기대하게 되었고, 주님도 기대하심을 이 과정을 통하여 확실히 알게 하셨다.

차례

제3권 130 제자양육과정 3단계

그리스도인의 새생활

구원받은 성도들의 새생활의 원리가 무엇인지 깨닫고
개인적으로 변화된 새생활을 하도록 돕고 있다.

1. 성령의 인도하심과 깨닫게 해 주시기를 위해 기도하십시오.

2. 결석과 지각을 하지 않고 성실히 참석하도록 하십시오.

3. 예습과 복습을 철저히 하십시오.

4. 각 참고 구절의 배경과 의미를 파악하십시오.

5. 토의에 적극 참여하도록 하십시오.

6. 열린 마음으로 정답이 아니라 자신의 생각을 나누십시오.

7. 작은 실천을 구체적으로 적용하십시오.

8. 적용한 것을 실천하기 위해 기도하십시오.

9. 지식적인 성경공부보다 인격과 삶의 변화에 힘쓰십시오.

10. 각 과의 소감과 깨달은 말씀을 정리해 놓으십시오.

11. 과제를 철저히 하는 습관을 기르십시오.

12. 매일 경건 생활을 훈련하는 습관을 기르십시오.

1. 구원의 계획

"내가 너로 여자와 원수가 되게 하고 네 후손도 여자의 후손과 원수가 되게 하리니
여자의 후손은 네 머리를 상하게 할 것이요 너는 그의 발꿈치를
상하게 할 것이니라 하시고" (창 3:15)

1

성경의 대주제는 창조, 타락, 구속입니다.

하나님께서 온 우주 만물과 인간을 창조하셨습니다.

하나님께서는 인간을 하나님의 형상으로 창조하셔서 하나님 나라의 ___으로 삼으셨습니다. 그리고 하나님께서 왕으로 다스리는 하나님의 ___를 세우려고 하셨습니다.

그러나 인간은 죄를 지어 타락함으로써 하나님의 형상을 잃어버리고 하나님의 백성의 자리에서 떨어지게 되었습니다.

그래서 하나님께서는 인간을 구원하기 위한 계획을 세우시고 인간을 구속하여 하나님의 백성으로 ___시키기로 하셨습니다.

이것이 인간을 위한 하나님의 위대한 구원 ___입니다.

1. 창조

하나님께서는 영원자존하신 분으로서 아무 것도 없는 무에서 창조하셨습니다.

1) 하나님의 창조

(창 1:1) 태초에 하나님이 천지를 창조하시니라

성경에서 '창조하다' 라는 단어는 하나님께만 쓰였습니다.

우주의 어떤 은하는 1억 600만 광년 떨어져 있다고 합니다.

어떤 박테리아의 편모는 800만 개가 모여야 사람의 머리카락 굵기 정도가 된다고 합니다.

하나님께서 창조하신 이와 같은 우주의 광활함과 생물의 ____이 하나님의 능력과 지혜를 보여줍니다.

(시 147:4) 그가 별들의 수효를 세시고 그것들을 다 이름대로 부르시는도다

인간은 별들을 셀 수도 없지만 하나님은 자신이 창조하신 별들의 수효를 아실 뿐만 아니라 그 ____도 알고 부르시는 전능하신 분이십니다.

하나님께서는 모든 것을 말씀의 능력으로 창조하셨습니다.

(창 1:3) 하나님이 이르시되 빛이 있으라 하시니 빛이 있었고

창세기 1장에서 "하나님이 이르시되" 가 _번이나 나옵니다.

(히 1:3) 이는 하나님의 영광의 광채시요 그 본체의 형상이시라 그의 능력의 말씀으로 만물을 붙드시며

주님께서 능력의 말씀으로 모든 피조물들을 붙들고 역사하고 계십니다.

말씀으로 세상을 창조하신 하나님은 ____으로 세상을 다스리시는 왕이십니다.

2) 하나님의 형상대로 인간을 창조

(창 1:27) 하나님이 자기 형상 곧 하나님의 형상대로 사람을 창조하시되 남자와

여자를 창조하시고

하나님께서 세상의 왕이시지만 자신을 대신해 통치할 자신과 같은 인간을 창조하셔서 이 세상을 ___하게 하셨습니다.

인간은 하나님의 형상으로 지음 받은 만물의 ___으로, 이 세상의 왕입니다.

또한 인간은 이러한 사명을 감당할 수 있도록 풍성한 복을 받았습니다.

(창 2:9) 여호와 하나님이 그 땅에서 보기에 아름답고 먹기에 좋은 나무가 나게 하시니 동산 가운데에는 생명 나무와 선악을 알게 하는 나무도 있더라

(창 2:10) 강이 에덴에서 흘러 나와 동산을 적시고 거기서부터 갈라져 네 근원이 되었으니 (창 2:11) 첫째의 이름은 비손이라 금이 있는 하윌라 온 땅을 둘렀으며

(창 2:22) 여호와 하나님이 아담에게서 취하신 그 갈빗대로 여자를 만드시고 그를 아담에게로 이끌어 오시니

3) 인간의 사명

(창 2:3) 하나님이 그 일곱째 날을 복되게 하사 거룩하게 하셨으니 이는 하나님이 그 창조하시며 만드시던 모든 일을 마치시고 그 날에 안식하셨음이니라

하나님께서는 인간에게 하나님을 ______ 사명을 주셨습니다.

(창 1:28) 하나님이 그들에게 복을 주시며 하나님이 그들에게 이르시되 생육하고 번성하여 땅에 충만하라, 땅을 정복하라, 바다의 물고기와 하늘의 새와 땅에 움직이는 모든 생물을 다스리라 하시니라

이 세상의 왕으로서 세상을 ______ 사명을 받았습니다.

(창 2:17) 선악을 알게 하는 나무의 열매는 먹지 말라 네가 먹는 날에는 반드시 죽으리라 하시니라

말씀으로 세상을 창조하신 하나님께서 말씀으로 ___을 지키는 사명을 주셨습니다.

말씀을 지키는 것이 생명이고, 말씀을 범하는 것이 ___입니다.

2. 타락

인간은 이렇게 풍성한 복을 받았음에도 불구하고 타락하였습니다.

1) 사탄의 유혹

사탄은 하나님의 말씀으로 인간을 유혹하였습니다.

(창 3:1) 뱀이 여자에게 물어 이르되 하나님이 참으로 너희에게 동산 모든 나무의 열매를 먹지 말라 하시더냐

사탄은 하나님의 말씀을 ____하였습니다.

(창 3:2) 여자가 뱀에게 말하되 동산 나무의 열매를 우리가 먹을 수 있으나

(창 3:3) 동산 중앙에 있는 나무의 열매는 하나님의 말씀에 너희는 먹지도 말고 만지지도 말라 너희가 죽을까 하노라 하셨느니라

하와도 하나님의 말씀을 가감하였습니다.

(창 3:4) 뱀이 여자에게 이르되 너희가 결코 죽지 아니하리라

(창 3:5) 너희가 그것을 먹는 날에는 너희 눈이 밝아져 하나님과 같이 되어 선악을 알 줄 하나님이 아심이니라

사탄의 유혹에 하와가 반응하자 사탄은 하나님의 말씀을 전면 ____하였습니다.

(요 8:44) 그는 처음부터 살인한 자요 진리가 그 속에 없으므로 진리에 서지 못하고 거짓을 말할 때마다 제 것으로 말하나니 이는 그가 거짓말쟁이요 거짓의 아비가 되었음이라

2) 인간의 타락

사람들은 하나님께서 선악과를 만들지 않으셨다면 인간이 타락하지 않았을 것이라고 말합니다.

그러나 하나님께서는 인간을 하나님과 같은 ____로 만드셨습니다.

인간은 하나님의 말씀에 순종할 수도 있고, 순종하지 않을 수도 있는 자유로운 존재로 창조되었습니다.

그러나 인간은 이 ____를 남용하여 타락하였습니다.

(신 30:19) 내가 생명과 사망과 복과 저주를 네 앞에 두었은즉 너와 네 자손이 살기 위하여 생명을 택하고

(신 10:13) 내가 오늘 네 행복을 위하여 네게 명하는 여호와의 명령과 규례를 지킬 것이 아니냐

인간은 하나님으로부터 독립하여 자신이 왕 노릇하며 자기 마음대로 살기로 하였습니다.

인간은 하나님과 같이 되려는 ____으로 인해 타락하였습니다.

〉〉 탕자의 비유

(눅 15:12) 그 둘째가 아버지에게 말하되 아버지여 재산 중에서 내게 돌아올 분깃을 내게 주소서 하는지라 아버지가 그 살림을 각각 나눠 주었더니

탕자는 하나님의 간섭을 받지 않고 하나님으로부터 ____하여 자기가 하고 싶은 대로 살아가고자 하나님 아버지를 떠났습니다.

3) 타락의 결과

하나님께서 죄에 대한 심판을 하셨으며 그 심판의 기준은 하나님의 ____이었습니다.

선악과를 따먹지 말라는 말씀에 순종하는 것이 선(善)이고 생명이었으며, 말씀에 불순종하는 것이 ___이고 사망이었습니다.

말씀대로 행하지 않는 것이 악입니다.

(롬 5:12) 그러므로 한 사람으로 말미암아 죄가 세상에 들어오고 죄로 말미암아 사망이 들어왔나니

(히 2:15) 또 죽기를 무서워하므로 한평생 매여 종 노릇 하는 모든 자들을 놓아 주려 하심이니

(롬 5:17) 한 사람의 범죄로 말미암아 사망이 그 한 사람을 통하여 왕 노릇 하였은즉

(롬 5:21) 이는 죄가 사망 안에서 왕 노릇 한 것 같이

(롬 1:23) 썩어지지 아니하는 하나님의 영광을 썩어질 사람과 새와 짐승과 기어 다니는 동물 모양의 우상으로 바꾸었느니라

타락한 인간은 창조주 하나님 대신 우상을 섬기게 되었습니다.

하나님을 섬기는 않는 사람은 바로 자기 자신이 하나님입니다.

(마 6:24) 너희가 하나님과 재물을 겸하여 섬기지 못하느니라

(골 3:5) 탐심은 우상 숭배니라

3. 구속

하나님께서는 타락한 인간을 구원하기로 작정하시고 구원 계획을 세우셨습니다. 인간 구원을 위하여 구속주인 그리스도를 예비하셨습니다.

　　1) 예수 그리스도께서 ＿＿＿을 멸하심으로 구원을 이루셨습니다.

(창 3:15) 내가 너로 여자와 원수가 되게 하고 네 후손도 여자의 후손과 원수가 되게 하리니 여자의 후손은 네 머리를 상하게 할 것이요 너는 그의 발꿈치를 상하게 할 것이니라 하시고

여인의 후손은 예수 그리스도를 의미합니다.

하나님께서 예수 그리스도를 보내셔서 인간을 유혹한 사탄의 ＿＿＿를 깨뜨리심으로 사탄에게 속한 자기 백성들을 구원하셨습니다.

(히 2:14) 자녀들은 혈과 육에 속하였으매 그도 또한 같은 모양으로 혈과 육을 함께 지니심은 죽음을 통하여 죽음의 세력을 잡은 자 곧 마귀를 멸하시며

(히 2:15) 또 죽기를 무서워하므로 한평생 매여 종 노릇 하는 모든 자들을 놓아 주려 하심이니

예수님께서 이 세상에 오셔서 사탄을 멸하시고 우리를 죽음에서 해방하심으로 구원이 이루어졌습니다.

(요일 3:8) 하나님의 아들이 나타나신 것은 마귀의 일을 멸하려 하심이라

예수님께서 오신 것은 마귀의 일을 멸하기 위해서입니다.

예수님께서 십자가에서 죽으시고 부활하심으로 사탄이 사용하는 ＿＿의 권세를 이기시고 사탄에게 승리하셨습니다.

(계 20:10) 또 그들을 미혹하는 마귀가 불과 유황 못에 던져지니 거기는 그 짐승과 거짓 선지자도 있어 세세토록 밤낮 괴로움을 받으리라

예수님께서 재림하실 때 사탄을 완전히 멸하심으로 구원이 완성될 것입니다.

2) 그리스도께서 ＿＿을 성취하심으로 구원을 이루셨습니다.

(갈 4:4) 때가 차매 하나님이 그 아들을 보내사 여자에게서 나게 하시고 율법 아래에 나게 하신 것은

(갈 4:5) 율법 아래에 있는 자들을 속량하시고 우리로 아들의 명분을 얻게 하려 하심이라

인간이 하나님의 계명을 지키지 못함으로 죽음에 이르게 되었습니다. 그런데 예수님께서 오셔서 우리가 지키지 못한 ＿＿을 다 지켜주셨습니다.

심지어 율법이 요구하는 죽음에까지도 온전히 순종하셨습니다.

구속주인 예수님께서 ＿＿을 성취하심으로 우리에게 의를 안겨 주셔서 구원을 이루어 주셨습니다.

3) 그리스도께서 우리 죄를 위해 죽으심으로 구원을 이루셨습니다.

(사 53:6) 우리는 다 양 같아서 그릇 행하여 각기 제 길로 갔거늘 여호와께서는 우리 모두의 죄악을 그에게 담당시키셨도다

(히 9:12) 염소와 송아지의 피로 하지 아니하고 오직 자기의 피로 영원한 속죄를 이루사 단번에 성소에 들어가셨느니라

죄 값인 사망 아래 놓여 있는 인간을 구원하시는 하나님의 방식은 죄 없는 하나님의 아들을 보내서서 인간이 지은 죄를 대신 지고 죽게 하심으로써 인간의 죄 값을 치르게 하신 것입니다.

예수님께서 구속주로 오셔서 십자가에 죽으심으로 제사 제도를 성취하시고 죄를 용서하시고 구원하셨습니다.

(계 20:6) 둘째 사망이 그들을 다스리는 권세가 없고 도리어 그들이 하나님과 그리스도의 제사장이 되어 천 년 동안 그리스도와 더불어 왕 노릇 하리라

우리는 하나님의 ____으로 회복되어 주님과 영원히 왕 노릇할 것입니다.

1. 하나님의 창조의 능력과 지혜와 지식은 무엇을 통해 알 수 있습니까? 인간은 하나님의 형상으로 지음 받았는데 여기에는 어떤 특권과 책임이 있습니까?

2. 나는 사탄의 유혹에 넘어가지 않기 위해 어떻게 하겠습니까?

3. 나의 구원을 위해 예수님께서 오셔서 하신 일은 무엇입니까?

4. 나는 구원받은 하나님의 백성으로서 어떻게 살아야겠습니까?

이 과를 마치면서

1. 나를 위한 하나님의 구원 계획을 묵상하며 감사드리십시오.

소감 및 깨달은 말씀

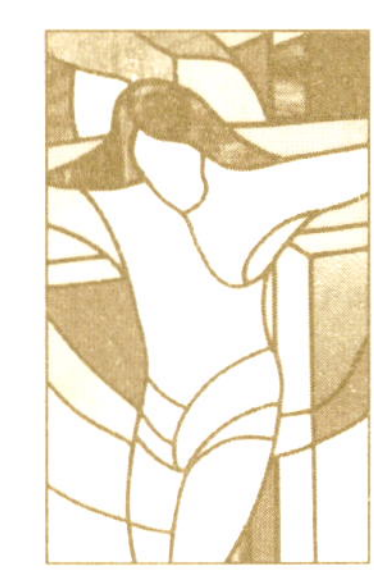

2. 구원의 축복들

"너희는 그 은혜에 의하여 믿음으로 말미암아 구원을 받았으니
이것은 너희에게서 난 것이 아니요 하나님의 선물이라" (엡 2:8)

2

하나님께서 우리에게 주신 복들은 하나님 편에서는 _______주시는 것
이고, 인간 편에서는 _______얻는 것이라고 말할 수 있습니다.

(엡 2:8) 너희는 그 은혜에 의하여 믿음으로 말미암아 구원을 받았으니 이것은
너희에게서 난 것이 아니요 하나님의 선물이라

은혜란 받을 자격이 없는 사람에게 _______주시는 하나님의 선물입니
다.

그리고 이를 믿는 믿음은 인간의 책임입니다.

그래서 하나님께서 주신 복들은 은혜의 축복들인 동시에 믿음의 축복
들입니다.

이 축복들은 구원과 동시에 주어지는 것으로서 구원을 다르게 표현한
것입니다.

1. 구원

1) 구원이란 무엇입니까?

구원은 물에 빠져 죽어 가는 사람을 _______행위에 비할 수 있습니다.

2) 구원은 무엇을 의미합니까?

(행 26:18) 그 눈을 뜨게 하여 어둠에서 빛으로, 사탄의 권세에서 하나님께로 돌아오게 하고

(벧전 1:9) 믿음의 결국 곧 영혼의 구원을 받음이라

(롬 8:2) 이는 그리스도 예수 안에 있는 생명의 성령의 법이 죄와 사망의 법에서 너를 해방하였음이라

(사 33:2) 여호와여 우리에게 은혜를 베푸소서— 환난 때에 우리의 구원이 되소서

(민 10:9) 너희를 너희의 대적에게서 구원하시리라

(마 9:22) 예수께서 돌이켜 그를 보시며 이르시되 딸아 안심하라 네 믿음이 너를 구원하였다 하시니 여자가 그 즉시 구원을 받으니라

(마 8:25) 그 제자들이 나아와 깨우며 가로되 주여 구원하소서 우리가 죽겠나이다

(눅 8:36) 귀신들렸던 자가 어떻게 구원 받았는지를 본 자들이 그들에게 이르매

거라사인의 귀신들린 것을 고쳐주셨습니다.

(롬 5:9) 더욱 그로 말미암아 진노하심에서 구원을 받을 것이니

3) 우리는 어떤 구원을 얻었습니까?

이렇게 구원은 _______구원이며, 모든 면에서의 _______구원을 뜻합니다.

우리는 하나님의 은혜로 믿음을 통하여 구원을 _______, 계속해서 구원을 얻고 있으며, 구원을 ___것입니다.

2. 죄 사함(구속)

1) 구속이란 무엇입니까?

(엡 1:7) 우리는 그리스도 안에서 그의 은혜의 풍성함을 따라 그의 피로 말미암아 속량 곧 죄 사함을 받았느니라(참고, 골 1:14)

여기서 죄 사함(부채의 탕감 혹은 면제)이 ___과 동일시되고 있습니다. 구속(속량)이란 노예의 값에 해당하는 돈을 주고 사서 노예를 해방시키는 것을 말합니다.

따라서 죄의 노예인 우리의 죄 값을 예수님께서 대속하여 지불하신 것이 구속입니다.

2) 우리가 어떻게 구속함을 받았습니까?

(벧전 1:18) 너희가 알거니와 너희 조상이 물려준 헛된 행실에서 대속함을 받은 것은 은이나 금 같이 없어질 것으로 된 것이 아니요

(벧전 1:19) 오직 흠 없고 점 없는 어린 양 같은 그리스도의 보배로운 피로 된 것이니라

3) 구속함을 받은 결과는 무엇입니까?

주님께서 죄 값을 대신 지불하셔서 우리의 죄가 용서되고 죄의 ___로부터 자유를 얻고 하나님의 ___가 되었습니다.

3. 의롭게 됨(칭의)

1) 칭의란 무엇입니까?

'의' 란 법정적인 의를 뜻하며, 법정에서 피고가 죄가 없다는 선고를 받고 석방되는 것을 의미합니다.

이는 ___선언이고, 하나님과 ___관계로 회복되는 것이며, ___을 얻는 것을 말합니다.

2) 어떻게 의롭다 하심을 얻게 됩니까?

(갈 2:16) 사람이 의롭게 되는 것은 율법의 행위로 말미암음이 아니요 오직 예수 그리스도를 믿음으로 말미암는 줄 알므로 우리도 그리스도 예수를 믿나니 이는 우리가 율법의 행위로써가 아니고 그리스도를 믿음으로써 의롭다 함을 얻으려 함이라 율법의 행위로써는 의롭다 함을 얻을 육체가 없느니라

우리가 의로워서 의롭다 하심을 얻는 것이 아니라 예수 그리스도의 의를 전가 받는 것입니다.

3) 의롭다 하심을 얻은 사람은 어떻게 살아야 합니까?

(빌 1:11) 예수 그리스도로 말미암아 의의 열매가 가득하여 하나님의 영광과 찬송이 되기를 원하노라

4. 거듭남

1) 거듭남이란 무엇입니까?

(요 3:3) 예수께서 대답하여 이르시되 진실로 진실로 네게 이르노니 사람이 거듭나지 아니하면 하나님의 나라를 볼 수 없느니라

거듭남이란 _______것, _______것을 말하며, _______난다는 의미도 가지고 있습니다.

(요일 5:1) 예수께서 그리스도이심을 믿는 자마다 하나님께로부터 난 자니

(엡 2:1) 그는 허물과 죄로 죽었던 너희를 살리셨도다

(요 3:6) 육으로 난 것은 육이요 영으로 난 것은 영이니

거듭난다고 하는 것은 _______이 다시 사는 것을 말합니다.

2) 어떻게 거듭납니까?

(요 3:5) 예수께서 대답하시되 진실로 진실로 네게 이르노니 사람이 물과 성령으로 나지 아니하면 하나님의 나라에 들어갈 수 없느니라

(벧전 1:23) 너희가 거듭난 것은 썩어질 씨로 된 것이 아니요 썩지 아니할 씨로 된 것이니 살아 있고 항상 있는 하나님의 말씀으로 되었느니라

성령께서 ＿＿을 통해 ＿＿＿을 살리셔서 거듭나게 하시는 것입니다.

3) 거듭남의 결과가 무엇입니까?

(고후 5:17) 그런즉 누구든지 그리스도 안에 있으면 새로운 피조물이라 이전 것은 지나갔으니 보라 새 것이 되었도다

(롬 6:4) 그리스도를 죽은 자 가운데서 살리심과 같이 우리로 또한 생명 가운데서 행하게 하려 함이라

(갈 6:15) 할례나 무할례가 아무 것도 아니로되 오직 새로 지으심을 받는 것만이 중요하니라

거듭남은 성령으로 말미암은 ＿＿＿＿＿입니다.

5. 하나님의 자녀가 됨

1) 하나님의 자녀가 된다는 것은 무엇을 말합니까?

(요 1:12) 영접하는 자 곧 그 이름을 믿는 자들에게는 하나님의 자녀가 되는 권세를 주셨으니

(롬 8:29) 하나님이 미리 아신 자들을 또한 그 아들의 형상을 본받게 하기 위하여 미리 정하셨으니 이는 그로 많은 형제 중에서 맏아들이 되게 하려 하심이니라

예수님만이 ＿＿＿＿이신데, 구약에서는 ＿＿＿＿＿＿백성을 아들로 삼아 주셨고, 신약에서는 예수 믿는 사람에게 하나님의 자녀가 되는 권세를 주셨습니다.

2) 하나님의 자녀가 갖는 특권이 무엇입니까?

(갈 4:6) 너희가 아들이므로 하나님이 그 아들의 영을 우리 마음 가운데 보내사 아빠 아버지라 부르게 하셨느니라

(갈 4:7) 그러므로 네가 이후로는 종이 아니요 아들이니 아들이면 하나님으로 말미암아 유업을 받을 자니라

3) 하나님의 자녀는 어떻게 살아야 합니까?

(롬 8:17) 자녀이면 또한 상속자 곧 하나님의 상속자요 그리스도와 함께 한 상속자니 우리가 그와 함께 영광을 받기 위하여 고난도 함께 받아야 할 것이니라

6. 영생

1) 영생이란 무엇입니까?

(요일 5:20) 그는 참 하나님이시요 영생이시라

2) 어떻게 영생을 얻고, 언제 영생을 얻습니까?

(요 6:47) 진실로 진실로 너희에게 이르노니 믿는 자는 영생을 가졌나니

3) 예수님께서 어떻게 영생을 주셨습니까?

(요 6:51) 나는 하늘에서 내려온 살아 있는 떡이니 사람이 이 떡을 먹으면 영생하리라 내가 줄 떡은 곧 세상의 생명을 위한 내 살이니라 하시니라

7. 성령을 받음(내주)

1) 성령의 내주란 무엇입니까?

(요 14:16) 내가 아버지께 구하겠으니 그가 또 다른 보혜사를 너희에게 주사 영

원토록 너희와 함께 있게 하리니

(고전 6:19) 너희 몸은 너희가 하나님께로부터 받은 바 너희 가운데 계신 성령의 전인 줄을 알지 못하느냐 너희는 너희 자신의 것이 아니라

2) 어떻게 성령을 받습니까?

(엡 1:13) 그 안에서 너희도 진리의 말씀 곧 너희의 구원의 복음을 듣고 그 안에서 또한 믿어 약속의 성령으로 인치심을 받았으니

(행 2:38) 베드로가 이르되 너희가 회개하여 각각 예수 그리스도의 이름으로 세례를 받고 죄 사함을 받으라 그리하면 성령의 선물을 받으리니

3) 성령을 받은 결과가 무엇입니까?

(엡 4:30) 하나님의 성령을 근심하게 하지 말라 그 안에서 너희가 구원의 날까지 인치심을 받았느니라

(고전 12:13) 우리가 유대인이나 헬라인이나 종이나 자유자나 다 한 성령으로 세례를 받아 한 몸이 되었고 또 다 한 성령을 마시게 하셨느니라

1. 하나님께서 나에게 은혜로 주신 축복들로는 어떤 것들이 있습니까?

2. 나는 과거의 어떤 상태에서 변화되어 현재의 축복들을 누리게 되었습니까?

과거사망			죽음	
현재		구속	의인	

과거			
현재	하나님의 자녀	영생	성령의 지배

3. 나는 하나님께서 은혜로 주신 복들을 풍성히 누리고 있습니까?

   내가 특별히 누리지 못하는 복은 어떤 것이 있습니까?

   ____

   ____

4. 앞으로 하나님께서 은혜로 주신 복들을 누리기 위해 내가 힘써야 할

   것에는 어떤 것이 있습니까?

   ____

   ____

이 과를 마치면서

1. 그리스도를 믿음으로 하나님께서 은혜로 주신 것들을 깊이 묵
   상해 보고 감사드리십시오.

소감 및 깨달은 말씀

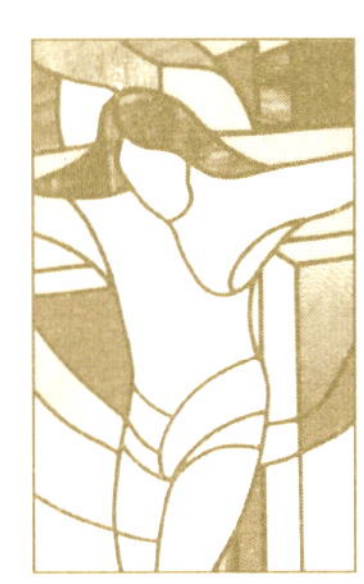

3. 구원의 과정

"그러므로 나의 사랑하는 자들아 너희가 나 있을 때뿐 아니라
더욱 지금 나 없을 때에도 항상 복종하여 두렵고 떨림으로 너희 구원을 이루라" (빌 2:12)

3

우리의 구원은 예수 믿고 구원받은 것으로 끝나는 것이 아니라, 하나의 계속되는 과정이라고 말할 수 있습니다.

봄이 되어 생명의 씨앗을 심으면 싹이 나고, 잎이 피고 계속 자라서 꽃을 피우고 열매를 맺습니다.

이렇게 구원은 생명의 씨앗이 심겨 자라나고 열매 맺는 전 ______이라고 할 수 있습니다.

구원의 시작, 과정, 결과의 전 과정을 살펴보면 구원을 좀 더 밝히 이해하여 자신의 영적인 위치를 확인하고 성장하게 될 것입니다.

1. 구원의 관점

구원은 시작에 불과합니다. 우리는 계속해서 구원을 이루어가야 합니다. 그리고 주님이 다시 오실 때 비로소 구원은 완성될 것입니다.

1) 과거에 구원을 받았습니다.

구원을 미래에 이루어질 사건으로만 여겨 자신이 구원받을 지는 죽어 봐야 알 수 있다고 생각하는 사람들이 있습니다.

(엡 2:8) 너희는 그 은혜에 의하여 믿음으로 말미암아 구원을 받았으니 이것은 너희에게서 난 것이 아니요 하나님의 선물이라

(요 5:24) 내가 진실로 진실로 너희에게 이르노니 내 말을 듣고 또 나 보내신 이를 믿는 자는 영생을 얻었고 심판에 이르지 아니하나니 사망에서 생명으로 옮겼느니라

믿는 사람은 이미 구원을 받았고, 영생을 얻었습니다.

이것을 우리는 ______구원이라고 말할 수 있습니다.

과거에 우리는 마귀의 자녀였지만 이제는 하나님의 자녀로 신분이 완전히 바뀌었습니다.

2) 현재는 구원을 이루어 가고 있습니다.

(빌 2:12) 그러므로 나의 사랑하는 자들아 너희가 나 있을 때뿐 아니라 더욱 지금 나 없을 때에도 항상 복종하여 두렵고 떨림으로 너희 구원을 이루라

이 "구원을 이루라"는 말씀은 현재형으로 계속해서 구원을 이루어 가라는 의미입니다.

구원을 이루어 가는 것은 '내가' 할 일인데, 항상 복종하여 두렵고 떨림으로 구원에서 ________않도록 노력하는 것을 뜻합니다.

그러나 한 번 구원받은 사람이 구원을 잃어버리는 경우는 없습니다.

물론 이 본문은 인간이 ______해야 할 것을 말씀하고 있지만 하나님께서 우리 안에서 일하시기 때문에 구원이 가능한 것입니다.

이 구원을 _____구원이라고 말할 수 있습니다.

3) 미래에 구원을 얻을 것입니다.

(마 24:13) 그러나 끝까지 견디는 자는 구원을 얻으리라

환란과 핍박 가운데서도 믿음을 지키면 구원을 얻을 것입니다.

이것을 우리는 _____구원이라고 말할 수 있습니다.

궁극적인 구원은 주님이 다시 재림하실 때 이루어지지만 개인적으로는 육신이 죽을 때 이루어진다고 말할 수 있습니다.

2. 죄의 관점

죄의 관점에서 보면 우리는 죄의 형벌로부터 구원받았고, 죄의 영향으로부터 구원받고 있으며, 죄의 존재로부터 구원을 얻을 것입니다.

1) 과거에 죄의 _____로부터 자유(구원)를 얻었습니다.

(롬 8:1) 그러므로 이제 그리스도 예수 안에 있는 자에게는 결코 정죄함이 없나니

(롬 8:2) 이는 그리스도 예수 안에 있는 생명의 성령의 법이 죄와 사망의 법에서 너를 해방하였음이라

(롬 8:3) 율법이 육신으로 말미암아 연약하여 할 수 없는 그것을 하나님은 하시나니 곧 죄로 말미암아 자기 아들을 죄 있는 육신의 모양으로 보내어 육신에 죄를 정하사

예수님께서 우리 죄를 담당하고 죽으셔서 죄에 대한 형벌을 대신 받으셨기 때문에 우리는 죄의 형벌로부터 _____을 얻었습니다.

우리의 과거와 현재와 미래의 모든 죄를 용서받았습니다.

그러므로 우리는 죄의 형벌을 두려워하며 살 필요가 없습니다.

2) 현재는 죄의 ____(영향)으로부터 자유(구원)를 얻고 있습니다.

(롬 5:21) 이는 죄가 사망 안에서 왕 노릇 한 것 같이 은혜도 또한 의로 말미암

아 왕 노릇 하여 우리 주 예수 그리스도로 말미암아 영생에 이르게 하려 함이라

예수 믿고 구원받은 사람은 더는 죄가 왕 노릇하지 못하게 해야 합니다.

죄가 나를 주관하고 다스리는 삶이 아니라 은혜가 나를 다스리고 주님이 나를 다스리시는 삶을 살아야 하는 것입니다.

(롬 8:12) 그러므로 형제들아 우리가 빚진 자로되 육신에게 져서 육신대로 살 것이 아니니라 (롬 8:13) 너희가 육신대로 살면 반드시 죽을 것이로되 영으로써 몸의 행실을 죽이면 살리니

죄의 형벌로부터 그리스도의 피로 말미암아 구원받았다면 죄의 세력으로부터의 구원은 ＿＿＿의 능력으로 말미암습니다.

이제는 죄가 우리 안에서 왕 노릇하지 못하도록 성령으로 날마다 육신을 죽이고 육신을 제어하는 삶을 살아야 합니다.

　　3) 미래에 죄의 ＿＿＿로부터 자유(구원)를 얻을 것입니다.

(히 9:28) 이와 같이 그리스도도 많은 사람의 죄를 담당하시려고 단번에 드리신 바 되셨고 구원에 이르게 하기 위하여 죄와 상관없이 자기를 바라는 자들에게 두 번째 나타나시리라

주님이 다시 오실 때 죄는 완전히 ＿＿＿될 것입니다.

우리는 죄로부터 완전히 구원을 받게 될 것입니다.

우리는 죄로부터의 완전한 구원을 바라보며 날마다 죄의 세력으로부터 승리하는 삶을 살아야 합니다.

3. 회개의 관점(심판)

　　1) 과거에 회심하였습니다.

(마 4:17) 이 때부터 예수께서 비로소 전파하여 이르시되 회개하라 천국이 가까이 왔느니라 하시더라

회심이란 죄로부터 돌아서서 하나님께로 돌아가는 것을 말합니다.
회심은 일생에 단 한번 일어나는 사건으로 구원받은 사람에게 회심은
과거의 사건입니다.

2) 현재는 _____하고 있습니다.

(요일 1:9) 만일 우리가 우리 죄를 자백하면 그는 미쁘시고 의로우사 우리 죄를
사하시며 우리를 모든 불의에서 깨끗하게 하실 것이요

하나님께서 '네가 이런 죄를 지었다.' 고 말씀하시면 '네, 제가 그런 죄
를 지었습니다.' 이렇게 같은 말을 하는 것이 자백입니다.

회심을 의미하는 회개는 일생에 한 번이지만 회심 이후에 계속해서 짓
는 죄에 대한 회개는 _____입니다.

자백하면 죄에서 우리를 깨끗하게 해주십니다.

회심하면 우리가 구원받고 자백하면 하나님과의 _____ 가 회복됩니다.

(히 12:6) 주께서 그 사랑하시는 자를 징계하시고 그가 받아들이시는 아들마다
채찍질하심이라 하였으니

죄에 대한 _____는 죄에 대한 심판과는 다른 것으로 자녀가 죄를 지었
을 때 하나님의 자녀답게 만드시는 사랑의 채찍입니다.

우리는 죄를 지었을 때 날마다 죄를 자백하여 죄 씻음 받는 삶을 사는
것입니다.

3) 미래에는 회개가 없고, _____이 없고, 상급 심판을 받습니다.

(요 3:18) 그를 믿는 자는 심판을 받지 아니하는 것이요 믿지 아니하는 자는 하
나님의 독생자의 이름을 믿지 아니하므로 벌써 심판을 받은 것이니라

예수 믿는 사람은 심판이 끝났으므로 심판을 받지 않습니다.

(고후 5:10) 이는 우리가 다 반드시 그리스도의 심판대 앞에 나타나게 되어 각각
선악간에 그 몸으로 행한 것을 따라 받으려 함이라

그리스도인들은 죄에 대한 심판이 아니라 상급에 관한 심판을 받습니다.

4. 성화(거룩함)의 관점

1) 과거에 _____구원을 받았습니다.

(롬 3:24) 그리스도 예수 안에 있는 속량으로 말미암아 하나님의 은혜로 값없이 의롭다 하심을 얻은 자 되었느니라

(롬 5:9) 그러면 이제 우리가 그의 피로 말미암아 의롭다 하심을 받았으니 더욱 그로 말미암아 진노하심에서 구원을 받을 것이니

우리는 죄인임에도 불구하고 의롭다 하심을 받았습니다.

예수님께서 흘리신 피를 믿음으로 우리는 칭의 구원을 받게 되었습니다. 이것은 우리에게 과거에 일어난 사건입니다.

2) 현재는 _____구원을 받고 있습니다.

(고후 7:1) 그런즉 사랑하는 자들아 이 약속을 가진 우리는 하나님을 두려워하는 가운데서 거룩함을 온전히 이루어 육과 영의 온갖 더러운 것에서 자신을 깨끗하게 하자

(히 12:14) 모든 사람과 더불어 화평함과 거룩함을 따르라 이것이 없이는 아무도 주를 보지 못하리라

의롭다하심을 받은 사람은 날마다 의로운 생활을 하여 거룩함을 이루어 가야 합니다.

거룩함을 온전히 이루고, 거룩함을 따르라고 하였습니다.

거룩함을 이루라는 것은 현재형으로 계속해서 성화되어야 할 것을 말합니다. 우리는 날마다 _______을 이루어 가야 하는데 이것이 성화 구원입니다.

3) 미래에 ____ 구원을 받을 것입니다.

(골 3:4) 우리 생명이신 그리스도께서 나타나실 그 때에 너희도 그와 함께 영광 중에 나타나리라

주님께서 강림하실 때 우리도 주님과 함께 영광 중에 나타나게 될 것입니다.

(롬 8:30) 또 미리 정하신 그들을 또한 부르시고 부르신 그들을 또한 의롭다 하시고 의롭다 하신 그들을 또한 영화롭게 하셨느니라

바울은 우리가 영화롭게 될 것이 너무나 확실하기 때문에 미래의 사건을 이미 이루어진 과거의 사건으로 표현했습니다.

우리는 영화 구원을 바라보면서 날마다 성화 구원을 이루어 가야 합니다.

5. 하나님의 형상의 관점

1) 과거에 하나님의 형상을 회복하였습니다.

(골 3:10) 새 사람을 입었으니 이는 자기를 창조하신 이의 형상을 따라 지식에까지 새롭게 하심을 입은 자니라

구원은 잃어버린 하나님의 형상을 ____ 하는 것입니다.

과거에 우리는 하나님의 형상으로 재창조되었는데 이것이 형상 회복입니다.

2) 현재는 주님의 형상을 닮아가고 있습니다.

(고후 3:18) 우리가 다 수건을 벗은 얼굴로 거울을 보는 것 같이 주의 영광을 보매 그와 같은 형상으로 변화하여 영광에서 영광에 이르니 곧 주의 영으로 말미암음이니라

지금 우리는 이 땅 위에서 주님의 형상을 닮아 가는 삶을 살고 있습니다.

성령께서 우리 안에서 역사하셔서 주님과 같은 ________모습으로 우리를 변화시키십니다.

날마다 주님의 모습을 닮아가므로 주님의 형상을 이루어 가야 합니다.

3) 미래에 주님과 같은 형상으로 변화될 것입니다.

(빌 3:21) 그는 만물을 자기에게 복종하게 하실 수 있는 자의 역사로 우리의 낮은 몸을 자기 영광의 몸의 형체와 같이 변하게 하시리라

미래에 주님과 같은 영광스러운 모습으로 변화될 것입니다.

지금 우리의 모습이 아니라 주님과 같이 영광스러운 모습으로 변화되는 것이 ________목표입니다.

1. 자신의 구원의 전 과정에 대해 자신의 말로 표현해 보십시오.

2. 나는 죄의 세력으로부터 구원받기 위해 어떻게 해야 합니까?

3. 나는 구원의 과정을 공부하면서 특별히 무엇을 깨달았습니까?
   나는 구원의 과정 가운데 어디에 위치한다고 생각합니까?

4. 나는 지금 구원을 이루기 위해 어떤 것에 힘써야 합니까?

이 과를 마치면서

1. 구원의 과정을 이루기 위해 믿음으로 싸울 것을 결단하십시오.

소감 및 깨달은 말씀

4. 구원의 기쁨

"주께서 생명의 길을 내게 보이시리니 주의 앞에는 충만한 기쁨이 있고
주의 오른쪽에는 영원한 즐거움이 있나이다" (시 16:11)

4

그리스도인의 생활의 특징은 항상 기뻐하는 것입니다.

예수 믿는 사람은 구원의 큰 기쁨을 누리며 살아갑니다.

(롬 14:17) 하나님의 나라는 먹는 것과 마시는 것이 아니요 오직 성령 안에 있는 의와 평강과 희락이라

천국은 성령 안에 있는 희락이며 이는 ＿＿＿하는 생활을 말합니다.

(살전 5:16) 항상 기뻐하라 (살전 5:17) 쉬지 말고 기도하라 (살전 5:18) 범사에 감사하라 이것이 그리스도 예수 안에서 너희를 향하신 하나님의 뜻이니라

항상 기뻐하는 것이 우리를 향하신 하나님의 뜻입니다.

1. 구원의 기쁨의 충만

하나님께서 우리에게 구원의 기쁨을 주십니다.

　1) 구원받은 사람은 기쁨이 넘칩니다.

(시 16:11) 주께서 생명의 길을 내게 보이시리니 주의 앞에는 충만한 기쁨이 있고 주의 오른쪽에는 영원한 즐거움이 있나이다

다윗은 '생명의 길을 발견한 사람은 충만한 기쁨과 영원한 즐거움이 있다'고 하였습니다.

(사 12:3) 그러므로 너희가 기쁨으로 구원의 우물들에서 물을 길으리로다

구원의 감격과 기쁨이 ______ 흘러넘칠 것을 노래한 것입니다.

(요 7:37) 예수께서 서서 외쳐 이르시되 누구든지 목마르거든 내게로 와서 마시라

(요 7:38) 나를 믿는 자는 성경에 이름과 같이 그 배에서 생수의 강이 흘러나오리라 하시니 (요 7:39) 이는 그를 믿는 자들이 받을 성령을 가리켜 말씀하신 것이라

예수 믿는 사람은 누구든지 그 배에서 생수의 강이 흘러넘칩니다.

이것은 ____으로 말미암아 우리 속에서 생수의 강이 흘러넘치는 것을 말합니다.

예수 믿고 구원받은 사람은 구원의 ____의 강수가 흘러넘칩니다.

(행 8:8) 그 성에 큰 기쁨이 있더라

빌립 집사의 전도를 받은 ______성에 구원의 큰 기쁨이 넘쳤습니다.

(행 16:34) 그들을 데리고 자기 집에 올라가서 음식을 차려 주고 그와 온 집안이 하나님을 믿으므로 크게 기뻐하니라

바울을 통해 구원받은 빌립보 ____의 가족에게 구원의 큰 기쁨이 넘쳤습니다.

　2) 이 기쁨은 ____에 의해 좌우되지 않습니다.

예수 믿는 사람이 기쁨이 넘치는 생활을 한다고 해서 어려움과 ____을 겪지 않는다는 것은 아닙니다.

(요 16:22) 지금은 너희가 근심하나 내가 다시 너희를 보리니 너희 마음이 기쁠

것이요 너희 기쁨을 빼앗을 자가 없으리라

고난을 당해도 주님이 우리에게 주신 기쁨은 아무도 빼앗아 갈 수 없습니다.

(고후 6:10) 근심하는 자 같으나 항상 기뻐하고

바울은 근심하는 자 같으나 항상 기뻐하였습니다.

(빌 4:4) 주 안에서 항상 기뻐하라 내가 다시 말하노니 기뻐하라

바울은 감옥에 갇혀 있으면서도 항상 기뻐하라고 권면하였습니다.

(시 4:7) 주께서 내 마음에 두신 기쁨은 그들의 곡식과 새 포도주가 풍성할 때보다 더하니이다

주께서 주신 이 기쁨은 ＿＿＿이 풍부할 때와 비교할 수 없는 기쁨입니다.

(합 3:18) 나는 여호와로 말미암아 즐거워하며 나의 구원의 하나님으로 말미암아 기뻐하리로다

하박국 선지자는 아무것이 없어도 구원의 하나님으로 인해 기뻐하였습니다.

(빌 2:17) 만일 너희 믿음의 제물과 섬김 위에 내가 나를 전제로 드릴지라도 나는 기뻐하고 너희 무리와 함께 기뻐하리니

바울은 감옥에서 자신이 ＿＿＿의 제물로서 죽는다 할지라도 기뻐한다고 하였습니다.

(행 5:40) 그들이 옳게 여겨 사도들을 불러들여 채찍질하며 예수의 이름으로 말하는 것을 금하고 놓으니 (행 5:41) 사도들은 그 이름을 위하여 능욕 받는 일에 합당한 자로 여기심을 기뻐하면서 공회 앞을 떠나니라

사도들은 채찍질을 당하면서도 오히려 기뻐하였습니다.

(행 13:52) 제자들은 기쁨과 성령이 충만하니라

제자들은 ＿＿＿가운데서도 기쁨과 성령이 충만하였습니다.

이렇게 기독교의 신앙에는 ＿＿＿을 뛰어넘는 기쁨이 있습니다.

(갈 5:22) 오직 성령의 열매는 사랑과 희락과 화평과

성령 충만한 사람은 기쁨이 충만한 사람입니다.

2. 구원의 기쁨의 상실

많은 성도들이 구원의 기쁨을 누리지 못하며 살아가고 있습니다.

(시 51:12) 주의 구원의 즐거움을 내게 회복시켜 주시고

다윗은 구원의 기쁨을 잃어버렸기에 기쁨의 회복을 위해 기도를 드렸습니다.

그럼 기쁨을 상실하게 되는 이유는 무엇입니까?

1) 우리의 죄 때문입니다.

(시 51:4) 내가 주께만 범죄하여 주의 목전에 악을 행하였사오니

다윗이 구원의 즐거움을 잃어버렸던 원인은 _____했기 때문입니다.

다윗 왕은 충성된 부하인 우리아의 아내 밧세바를 범하는 큰 죄를 지었습니다. 그래서 구원의 즐거움을 잃어버리고 고통 가운데 빠졌습니다.

(시 51:11) 나를 주 앞에서 쫓아내지 마시며 주의 성령을 내게서 거두지 마소서

다윗은 주의 성령을 자기에게서 거두지 말아 달라고 간구하였습니다. 구약에서는 성령이 임했다가 죄를 지으면 _______하였습니다.

그러나 신약에서는 죄를 짓는다고 해서 성령이 떠나지는 않으십니다. 하지만 우리 안에 거하시는 성령께서 _____하십니다.

(엡 4:30) 하나님의 성령을 근심하게 하지 말라 그 안에서 너희가 구원의 날까지 인치심을 받았느니라

성령 충만할 때 기쁨이 충만하지만 성령을 _____시킬 때 기쁨이 떠나갑니다.

2) 성령을 근심시키는 일에는 어떤 것들이 있습니까?

(갈 5:19) 육체의 일은 분명하니 곧 음행과 더러운 것과 호색과

(갈 5:20) 우상 숭배와 주술과 원수 맺는 것과 분쟁과 시기와 분냄과 당 짓는 것과 분열함과 이단과 (갈 5:21) 투기와 술 취함과 방탕함과 또 그와 같은 것들이라

성령의 열매와 반대로 이러한 ______의 일들은 우리의 기쁨을 빼앗아 갑니다.

(엡 4:25) 그런즉 거짓을 버리고 각각 그 이웃과 더불어 참된 것을 말하라 이는 우리가 서로 지체가 됨이라

(엡 4:26) 분을 내어도 죄를 짓지 말며 해가 지도록 분을 품지 말고

(엡 4:28) 도둑질하는 자는 다시 도둑질하지 말고 돌이켜 가난한 자에게 구제할 수 있도록 자기 손으로 수고하여 선한 일을 하라

(엡 4:29) 무릇 더러운 말은 너희 입 밖에도 내지 말고 오직 덕을 세우는 데 소용되는 대로 선한 말을 하여 듣는 자들에게 은혜를 끼치게 하라

(엡 4:30) 하나님의 성령을 근심하게 하지 말라 그 안에서 너희가 구원의 날까지 인치심을 받았느니라 (엡 4:31) 너희는 모든 악독과 노함과 분냄과 떠드는 것과 비방하는 것을 모든 악의와 함께 버리고

(엡 5:3) 음행과 온갖 더러운 것과 탐욕은 너희 중에서 그 이름조차도 부르지 말라 이는 성도에게 마땅한 바니라 (엡 5:4) 누추함과 어리석은 말이나 희롱의 말이 마땅치 아니하니 오히려 감사하는 말을 하라

(엡 5:11) 너희는 열매 없는 어둠의 일에 참여하지 말고 도리어 책망하라

(엡 5:12) 그들의 은밀히 행하는 것들은 말하기도 부끄러운 것들이라

보지 못할 것을 보고, ______못할 것을 들었을 때 우리의 영이 ______받고 기쁨을 잃어버립니다.

하나님께서 기뻐하시지 않는 일들을 하고, 하나님의 뜻에 순종하지 않을 때도 내 속의 성령님께서 근심하시므로 기쁨이 사라집니다.

하나님의 말씀에 ______하지 않으면서 기쁨이 충만한 생활을 하는 것은 불가능합니다.

3. 구원의 기쁨의 회복

구원의 기쁨을 잃어버렸을 때 우리는 속히 회복하도록 해야 합니다.

1) 구원의 기쁨을 회복하는 참된 해결책이 아닌 것은 무엇입니까?

(창 3:12) 아담이 이르되 하나님이 주셔서 나와 함께 있게 하신 여자 그가 그 나무 열매를 내게 주므로 내가 먹었나이다

아담과 하와는 자신의 죄에 대한 책임을 다른 사람에게 ______하려고 하였습니다.

(마 27:24) 빌라도가 아무 성과도 없이 도리어 민란이 나려는 것을 보고 물을 가져다가 무리 앞에서 손을 씻으며 이르되 이 사람의 피에 대하여 나는 무죄하니 너희가 당하라

빌라도는 예수님을 십자가에 죽이는 죄를 ____하려고 하였습니다.

(창 32:20) 또 너희는 말하기를 주의 종 야곱이 우리 뒤에 있다 하라 하니 이는 야곱이 말하기를 내가 내 앞에 보내는 예물로 형의 감정을 푼 후에 대면하면 형이 혹시 나를 받아 주리라 함이었더라

야곱은 형 에서가 자기를 죽이러 온다는 말을 듣고 ______로 문제를 해결하려고 하였습니다. 이러한 방법들은 진정한 해결책이 아닙니다.

(시 32:3) 내가 입을 열지 아니할 때에 종일 신음하므로 내 뼈가 쇠하였도다

우리가 죄를 자백하지 않으면 뼈가 썩는 죄의 ____만 더할 뿐입니다.

2) 기쁨을 회복하는 방법에는 어떤 것이 있습니까?

다윗의 회개의 시를 통해 구원의 즐거움을 회복하는 방법을 배울 수 있습니다.

(시 51:3) 무릇 나는 내 죄과를 아오니 내 죄가 항상 내 앞에 있나이다

(시 51:4) 내가 주께만 범죄하여 주의 목전에 악을 행하였사오니

다윗은 자신의 죄과를 ______하였으며, 주께 범죄하고 악을 행하였다고 죄를 ____하는 회개의 모습을 보입니다.

(시 51:17) 하나님께서 구하시는 제사는 상한 심령이라 하나님이여 상하고 통회하는 마음을 주께서 멸시하지 아니하시리이다

하나님께서는 제사를 즐겨 아니하시고, 상한 심령을 구하시기 때문에

다윗은 상하고 ____하는 마음으로 하나님께 나아갔습니다.

(시 51:1) 하나님이여 주의 인자를 따라 내게 은혜를 베푸시며 주의 많은 긍휼을 따라 내 죄악을 지워 주소서 (시 51:2) 나의 죄악을 말갛게 씻으시며 나의 죄를 깨끗이 제하소서

자신의 죄악을 ____주시고, 씻으시고, 깨끗하게 해달라고 간구하였습니다.

(시 51:12) 주의 구원의 즐거움을 내게 회복시켜 주시고

다윗은 구원의 즐거움을 회복시켜 달라고 기도하였습니다.

(요일 1:9) 만일 우리가 우리 죄를 자백하면 그는 미쁘시고 의로우사 우리 죄를 사하시며 우리를 모든 불의에서 깨끗하게 하실 것이요

우리가 죄를 자백할 때 우리 죄를 사하시며, 깨끗하게 해 주십니다.

그러므로 죄를 ____할 것이 아니라 이를 직면하여 시인하고 고백해야 합니다.

(사 51:11) 여호와께 구속받은 자들이 돌아와 노래하며 시온으로 들어오니 영원한 기쁨이 그들의 머리 위에 있고 슬픔과 탄식이 달아나리이다

하나님의 백성인 이스라엘은 범죄하여 포로로 잡혀갔지만 이들이 회개할 때 다시 회복시켜 돌아오게 하셨습니다.

이들에게 슬픔과 탄식은 떠나가고 기쁨과 즐거움이 회복되었습니다.

우리가 ____할 때 하나님께서는 구원의 즐거움을 회복시켜 주십니다.

》 부자 관계에서 교제의 회복

아버지의 돈을 훔쳐서 친구들과 놀러갔다가 온 아들이 있습니다.

이 아들이 집으로 돌아와 들어가려고 하니까 아버지의 얼굴을 볼 수 없어 아버지의 눈을 피하게 되었습니다. 아들은 괴로워하다가 용기를 내어서 아버지에게 자기의 잘못을 자백하였습니다. '아버지 제가 아버지 돈을 꺼내 노는 데 사용했습니다. 잘못했습니다. 용서해 주세요.'

이 때 아버지가 '너 그런 짓을 하면 안 된다. 이번엔 용서해 줄 테니까 다시는 그런 짓을 하지 말아라.' 하며 용서합니다.
이후에 아버지와 아들의 관계가 회복됩니다.

우리가 죄를 짓는다고 해서 하나님과의 부자 된 관계가 ＿＿＿＿되어 ＿＿＿을 잃어버리는 것이 아닙니다. 다만 하나님과의 ＿＿＿가 단절되어, 기쁨을 잃어버리게 됩니다.
그러나 이 때 죄를 회개하면 구원의 기쁨이 다시 회복됩니다.

1. 나는 어떤 경우에 구원의 기쁨을 잃어버립니까?

2. 성령과 기쁨과의 관계는 어떠합니까?

3. 자백하는 것은 호흡에 비유되기도 합니다. 영혼의 호흡은 어떻게 합니까? 나는 구원의 기쁨을 회복하기 위해 언제 회개해야 합니까?

4. 나는 혹시 구원의 기쁨을 잃어버리지는 않았습니까?
   구원의 기쁨을 회복하기 위해 회개해야 할 죄는 무엇입니까?

1. 구원의 확신과 구원의 기쁨은 어떤 관계에서 오는 것인지 말해 보십시오.

소감 및 깨달은 말씀

5. 구원의 새사람

"너희가 서로 거짓말을 하지 말라 옛 사람과 그 행위를 벗어 버리고
새 사람을 입었으니 이는 자기를 창조하신 이의 형상을 따라
지식에까지 새롭게 하심을 입은 자니라" (골 3:9-10)

5

새생명을 얻은 사람은 옛사람을 벗고 새사람을 입어야 합니다.

바울은 이것을 옷 입는 것에 비유해서 더러운 옷은 벗어 버리고, 새 옷을 입으라고 하였습니다.

골로새서 3:5-17에서 바울은 소극적으로는 옛사람을 벗고, 적극적으로는 새사람을 입으라고 하였습니다.

1. 옛사람을 벗어 버리라

(골 3:9) 너희가 서로 거짓말을 하지 말라 옛 사람과 그 행위를 벗어 버리고

(엡 4:22) 너희는 유혹의 욕심을 따라 썩어져 가는 구습을 따르는 옛 사람을 벗어 버리고

우리가 벗어 버려야 할 것은 옛사람과 그 행위입니다.

1) 옛사람의 본성(성품)을 벗어 버려야 합니다.

새생명으로 거듭나도 육체가 있는 이상 옛사람의 ＿＿＿을 가지고 있습니다.

(골 3:5) 그러므로 땅에 있는 지체를 죽이라 곧 음란과 부정과 사욕과 악한 정욕과 탐심이니 탐심은 우상 숭배니라

땅에 있는 지체는 비유적 표현으로서 인간의 타락한 죄성을 가리킵니다. 바울은 옛사람의 성품 5가지를 벗어 버리라고 합니다.

① 음란: '포르네이아' 로서 포르노의 어원이 되는 단어입니다. 이것은 모든 불법적인 성관계를 말하는 것으로 문란한 ＿＿＿을 반영합 니다.

② 부정: 음란을 포함한 정결치 못한 ＿＿＿행위를 가리킵니다.

③ 사욕: 색욕을 유발하는 부끄러운 ＿＿＿을 의미합니다.

④ 악한 정욕: 무절제한 욕망을 말합니다.

⑤ 탐심: 더 가지려는 욕망을 말합니다.

여기서 탐심은 우상 숭배라고 했습니다. 어떤 형상을 만들어 놓고 섬기는 것만 우상 숭배가 아니라 ＿＿＿의 자리에 놓는 것은 그 무엇이든지 다 우상입니다.

이렇게 육욕은 주로 성적인 욕심과 물질적인 욕심으로, 우리는 이러한 것들을 벗어 버려야 합니다.

(골 3:6) 이것들로 말미암아 하나님의 진노가 임하느니라

하나님의 진노가 임한다는 표현이 현재형이므로 진노가 ＿＿＿와 미래

에 계속되는 것을 뜻합니다.

(골 3:7) 너희도 전에 그 가운데 살 때에는 그 가운데서 행하였으나

골로새 교인들은 이방인으로서 과거에 죄악 가운데 살았습니다.

이것은 우리가 새생명을 얻기 전에 죄 가운데 살면서 죄를 죄로 _____ 못하고 죄를 먹고 마시며 살았다는 것을 말해 줍니다.

(벧전 4:3) 너희가 음란과 정욕과 술취함과 방탕과 향락과 무법한 우상 숭배를 하여 이방인의 뜻을 따라 행한 것은 지나간 때로 족하도다

이제 이러한 죄악을 따라 행하며 더 이상 살아서는 안 됩니다.

죄를 벗어 버려야 합니다.

2) 옛사람의 _____를 벗어 버려야 합니다.

(골 3:8) 이제는 너희가 이 모든 것을 벗어 버리라 곧 분함과 노여움과 악의와 비방과 너희 입의 부끄러운 말이라 (골 3:9) 너희가 서로 거짓말을 하지 말라 옛 사람과 그 행위를 벗어 버리고

'이제는'은 현재를 말하며 '전에'의 과거와 대조되고 있습니다.

'이제는'은 그리스도인이 된 지금의 상태를 말합니다.

그리스도인은 옛사람의 행위를 벗어 버리라고 합니다.

여기서 '벗어 버리다'는 더러운 ___을 벗어 버리는 행위를 가리킵니다.

깨끗한 흰옷을 입은 성도들은 날마다 자신을 더럽히는 죄를 씻어야 합니다.

바울은 성도들이 벗어 버려야 할 행위 6가지를 말하고 있습니다.

① 분함: 감정이 격해서 _____것을 말합니다.

② 노여움: 남을 해롭게 하는 악한 감정을 말합니다.

③ 악의: 도덕적으로 악한 마음의 상태를 말합니다.

④ 비방: 신성모독이나 사람에 대한 비방을 의미합니다.

⑤ 부끄러운 말: _____의 범죄인데 천하고 상스러운 말입니다.

⑥ 거짓말: 속이는 것을 가리킵니다.

"서로 거짓말을 하지 말라"는 말씀은 ____에 거짓말 하지 말라는 뜻입니다.

거짓말은 이 세상 사람들의 보편적인 죄악이지만, 성도들도 보편적으로 행하는 죄악이기 때문입니다.

이 말은 현재형으로, 계속적으로 거짓말을 하지 말라는 것입니다.

거짓말도 습관이 되므로 작은 거짓말부터 하지 않도록 해야 합니다.

결론적으로 옛사람과 그 행위를 벗어 버리라고 합니다.

여기서 버려야 할 것 두 가지는 옛사람과 옛사람의 행위입니다.

옛사람이란 타락한 죄성을 가진 옛 ____을 의미합니다.

그러나 옛사람의 행위는 계속적으로 벗어 버려야 합니다.

이것이 성화의 과정으로, 구원을 받은 사람도 구원을 이루어 가야 합니다.

(롬 13:12) 밤이 깊고 낮이 가까웠으니 그러므로 우리가 어둠의 일을 벗고 빛의 갑옷을 입자

과거의 습관, 과거의 죄악, 과거의 삶을 청산하고 벗어 버려야 합니다.

우리는 죄악 된 ____의 일을 벗어 버리고 빛 된 생활을 하여야 합니다.

2. 새사람을 입으라

그리스도인은 옛사람을 벗어버리고 새사람을 입은 사람입니다.

(골 3:9) 너희가 서로 거짓말을 하지 말라 옛 사람과 그 행위를 벗어 버리고

(골 3:10) 새 사람을 입었으니 이는 자기를 창조하신 이의 형상을 따라 지식에까지 새롭게 하심을 입은 자니라

새사람은 주님의 십자가의 보혈로 깨끗함을 받았고, 거룩한 본성을 소유하게 되었습니다. 그렇지만 거듭나는 것은 시작에 불과합니다.

하나님의 형상을 목표로 계속해서 영적으로 성장해 가야 합니다.

(골 1:15) 그는 보이지 아니하는 하나님의 형상이시요

(롬 8:29) 하나님이 미리 아신 자들을 또한 그 아들의 형상을 본받게 하기 위하여 미리 정하셨으니

우리가 본받고 닮아 가야 할 것은 그리스도의 _____입니다.

새사람은 하나님의 형상을 회복하여 지식에게까지 새롭게 하심을 받았습니다. 이 지식은 _____을 아는 지식으로 계속해서 새롭게 하심을 받아야 합니다.

새사람은 지식에게까지 새로워져 하나님과 _____할 수 있고 하나님의 뜻을 따라 살아갑니다.

하나님을 알되 깊은 _____를 통하여 하나님을 닮아 가 하나님처럼 거룩하게 되어 가는 것입니다.

　1) 새사람의 _____을 입어야 합니다.

새사람은 하나님의 성품이라는 옷을 입어야 하는데 이것은 그리스도의 _____을 말합니다. 다시 말해서 그리스도로 옷 입는 것입니다.

(롬 13:14) 오직 주 예수 그리스도로 옷 입고

그리스도로 옷 입는 것은 그리스도의 _____을 입는 것입니다.

새사람을 입어야 하는 이유는 그리스도의 형상을 이루기 위해서입니다.

(골 3:12) 그러므로 너희는 하나님이 택하사 거룩하고 사랑 받는 자처럼 긍휼과 자비와 겸손과 온유와 오래 참음을 옷 입고

옛사람의 성품을 벗어 버려야 하는 것처럼 새사람의 성품을 입어야 합니다.

① 긍휼: _____여기는 마음을 말합니다.

　하나님은 긍휼이 크고 풍성하신 분으로 우리를 긍휼히 여기셨습니다.

② 자비: 너그럽고 _____것을 가리킵니다.

　(눅 6:36) 너희 아버지의 자비로우심 같이 너희도 자비로운 자가 되라

　예수님은 자비로우심으로 많은 병자들을 고쳐 주셨습니다.

③ 겸손: 낮은 마음의 상태를 말합니다.

예수님은 자신의 겸손을 배우라고 하셨습니다.

겸손하신 예수님은 하늘 영광을 버리시고 십자가에까지 낮아지셔서 우리를 구원하셨습니다.

④ 온유: 부드러운 심정을 말합니다.

예수님은 자신의 마음이 온유하다고 하셨습니다.

예수님은 도살장으로 끌려가는 어린양처럼 온유하셨습니다.

⑤ 오래 참음: 대인 관계에서 자기를 억제하며 _____하는 자세를 말합니다.

(롬 9:22) 만일 하나님이 그의 진노를 보이시고 그의 능력을 알게 하고자 하사 멸하기로 준비된 진노의 그릇을 오래 참으심으로 관용하시고

하나님은 오래 참으심으로 심판 날을 연기하셨습니다.

성령의 열매인 오래 참음은 우리가 맺어야 할 인격적인 열매입니다.

오래 참음은 용납과 용서의 연장선상에서 생각할 수 있습니다.

(골 3:13) 누가 누구에게 불만이 있거든 서로 용납하여 피차 용서하되 주께서 너희를 용서하신 것 같이 너희도 그리하고

서로 용납하면서, 서로 용서하면서 5가지의 미덕을 실천하라는 것입니다.

용납은 어떤 사람을 있는 그대로 받아들이는 태도를 말합니다.

용서는 주님이 십자가에서 우리의 죄를 용서하신 사역에 근거합니다.

우리는 용서받은 죄인으로서 다른 사람을 용서해 주어야 합니다.

(골 3:14) 이 모든 것 위에 사랑을 더하라 이는 온전하게 매는 띠니라

이 모든 5가지 덕목 위에 최고의 덕목인 사랑을 더하라고 합니다.

사랑은 가장 큰 계명이고, 율법의 완성이므로 온전하게 매는 띠가 됩니다.

우리가 이런 미덕들을 나타낼 때 그리스도로 _____것입니다.

우리는 하나님의 성품인 긍휼과 자비와 겸손과 온유와 오래 참음을 옷

입고, 서로 용납하고 용서하며 사랑으로 ____되어야 합니다.

　2) 새사람의 새 ____원리

새사람은 그리스도의 성품으로 옷 입고 새로운 생활을 해야 합니다.

① 그리스도의 평강이 주장하게 하라

(골 3:15) 그리스도의 평강이 너희 마음을 주장하게 하라

예수님은 평화의 왕으로서 평화를 주시기 위해 오셨습니다.

그리고 십자가에서 ____를 이루시고, 제자들에게 평화를 약속하셨습니다.

(요 14:27) 나의 평안을 너희에게 주노라 내가 너희에게 주는 것은 세상이 주는 것 같지 아니하니라 너희는 마음에 근심하지도 말고 두려워하지도 말라

예수님은 세상이 줄 수 없는 하늘의 평강을 주셨습니다.

어떠한 상황에서도 그리스도의 평강이 우리 마음을 주장하게 해야 합니다.

(골 3:15) 너희는 평강을 위하여 한 몸으로 부르심을 받았나니

우리는 평강을 위하여 그리스도의 몸인 교회의 ____로 부름 받았으므로 교회 공동체의 화평을 실현하도록 힘써야 합니다.

(행 9:31) 교회가 평안하여 든든히 서가고

교회가 평안해야 든든히 설 수 있습니다.

② 감사하는 자가 되라

(골 3:15) 너희는 또한 감사하는 자가 되라

감사는 현재형으로 어떤 상황에서도 끊임없는 감사를 드리라는 것입니다.

③ 말씀이 풍성히 거하게 하라

(골 3:16) 그리스도의 말씀이 너희 속에 풍성히 거하여 모든 지혜로 피차 가르치며 권면하고 시와 찬송과 신령한 노래를 부르며 감사하는 마음으로 하나님을 찬양하고

성도들은 말씀으로 충만하여 말씀이 다스리는 삶을 살아야 합니다. 말씀이 충만하여 ㉠모든 지혜로 가르치며 ㉡피차 권면하고 ㉢시와 찬송과 신령한 노래를 부르며 감사하는 마음으로 하나님을 찬양해야 합니다.

(골 3:17) 또 무엇을 하든지 말에나 일에나 다 주 예수의 이름으로 하고 그를 힘입어 하나님 아버지께 감사하라

일상생활의 모든 경우에서 그리스도 ___의 생활을 하라고 권면합니다. 그리고 주님을 통하여 하나님께 감사하라고 권면하면서 끝맺고 있습니다.

우리는 평강을 누리며, 감사하며, 말씀이 충만한 생활을 통하여 그리스도를 나타내는 신앙생활을 해야 합니다.

1. 벗어 버려야 할 나의 옛사람의 본성과 그 행위는 무엇입니까?

2. 내가 입어야 할 새사람의 성품과 새생활의 원리는 무엇입니까?

3. 나는 새사람이 되었는데 아직도 옛사람을 따라 살지는 않습니까?
   나의 모습은 옛사람과 새사람 중에서 어느 쪽에 더 가깝습니까?

4. 내가 구체적으로 벗어 버려야 할 것이 있다면 무엇입니까?
   또한 내가 시급히 입어야 할 것이 있다면 무엇입니까?

이 과를 마치면서

1. 새사람으로 살 수 있는 성령의 능력을 달라고 기도하십시오.

소감 및 깨달은 말씀

6. 구원의 새생활

"그러므로 우리가 그의 죽으심과 합하여 세례를 받음으로 그와 함께 장사되었나니
이는 아버지의 영광으로 말미암아 그리스도를 죽은 자 가운데서 살리심과 같이
우리로 또한 생명 가운데서 행하게 하려 함이라" (롬 6:4)

6

예수님께서 우리의 죄를 담당하여 십자가에서 죽으시고 부활하셔서
우리를 구원하셨습니다.

예수님의 죽으심과 부활의 사건이 하나님의 ____ 사건입니다.

이 하나님의 구원 사건은 우리의 구원의 사건이 되었습니다.

십자가의 죽으심과 부활이 날마다 우리의 생활이 되어야 합니다.

그리스도와 함께 죽고 함께 사는 것이 그리스도인의 ______의 원리입
니다.

1. 그리스도와 함께 죽고 함께 살리심을 받았습니다.

예수님의 구원 사건이 어떻게 해서 나의 구원 사건이 되었습니까?

　1) ＿＿＿으로

(골 2:12) 너희가 세례로 그리스도와 함께 장사되고 또 죽은 자들 가운데서 그를 일으키신 하나님의 역사를 믿음으로 말미암아 그 안에서 함께 일으키심을 받았 느니라

예수님의 죽으심과 부활의 복음을 ＿＿＿으로 우리도 그리스도와 함께 죽고 함께 살게 되었습니다.

　2) ＿＿＿로

(롬 6:4) 그러므로 우리가 그의 죽으심과 합하여 세례를 받음으로 그와 함께 장사되었나니 이는 아버지의 영광으로 말미암아 그리스도를 죽은 자 가운데서 살리심과 같이 우리로 또한 생명 가운데서 행하게 하려 함이라

(롬 6:5) 만일 우리가 그의 죽으심과 같은 모양으로 연합한 자가 되었으면 또한 그의 부활과 같은 모양으로 연합한 자도 되리라

여기서는 세례를 통하여 우리가 그리스도와 연합되어 함께 죽고 함께 살리심을 받았다고 말하고 있습니다.

우리가 예수님을 믿을 때 성령께서는 우리를 거듭나게 하시고, 새생명을 주십니다.

이것이 성령 세례로 그리스도와 함께 죽고 사는 것입니다.

물세례는 바로 성령 ＿＿＿받았다는 표로, 구원받았다는 표로 받습니다.

이렇게 믿음과 세례를 통해서 주님과 ＿＿＿되어 하나됨으로 예수님의 객관적 구원 사건이 ＿＿＿인 나의 구원 사건이 됩니다.

2. 무엇에 대해 함께 죽어야 합니까?

　1) 예수님께서 십자가에 못 박히실 때 우리도 함께 못 박혀 죽었습니다.

(1) ____이 죽음

(롬 6:6) 우리가 알거니와 우리의 옛 사람이 예수와 함께 십자가에 못 박힌 것은 죄의 몸이 죽어 다시는 우리가 죄에게 종 노릇 하지 아니하려 함이니

(갈 2:20) 내가 그리스도와 함께 십자가에 못 박혔나니 그런즉 이제는 내가 사는 것이 아니요 오직 내 안에 그리스도께서 사시는 것이라

예수님을 믿는 사람은 예수님과 함께 자신이 십자가에 죽은 사람입니다.

옛사람이란 타락한 죄성을 가진 옛 ____을 의미합니다.

죄악 된 본성과 자아가 죽은 것입니다.

죄의 지배를 받는 옛사람의 본성은 십자가에 못 박아 죽여야 합니다.

(2) 죄에 대하여 죽음

(롬 6:2) 그럴 수 없느니라 죄에 대하여 죽은 우리가 어찌 그 가운데 더 살리요

(롬 6:10) 그가 죽으심은 죄에 대하여 단번에 죽으심이요 그가 살아 계심은 하나님께 대하여 살아 계심이니 (롬 6:11) 이와 같이 너희도 너희 자신을 죄에 대하여는 죽은 자요 그리스도 예수 안에서 하나님께 대하여는 살아 있는 자로 여길지어다

예수님께서 죄에 대하여 죽으신 것처럼 우리도 죄에 대하여 죽었습니다.

죄가 죽었다는 것이 아니고 ____이 죽었다는 말입니다.

죽은 자는 말이 없고, 무엇에도 반응하지 않습니다.

우리는 죄에 대해 죽었기 때문에 죄에 대해 반응하지 않는 것입니다.

이는 죄와 관계를 끊는 것이고, 죄가 왕노릇하지 못하게 하며, 죄의 종 노릇하지 않는 것입니다.

우리는 죄에 대해 죽은 자처럼 ____하지 말아야 합니다.

(3) 율법에 대하여 죽음

(갈 2:19) 내가 율법으로 말미암아 율법에 대하여 죽었나니 이는 하나님에 대하

여 살려 함이라

(롬 7:4) 그러므로 내 형제들아 너희도 그리스도의 몸으로 말미암아 율법에 대하여 죽임을 당하였으니

(롬 7:6) 이제는 우리가 얽매였던 것에 대하여 죽었으므로 율법에서 벗어났으니

(골 2:14) 우리를 거스르고 불리하게 하는 법조문으로 쓴 증서를 지우시고 제하여 버리사 십자가에 못 박으시고

법조문으로 쓴 증서는 율법을 말합니다.

그리스도의 죽으심으로 우리도 율법에 대하여 죽었습니다.

여기서도 율법이 죽은 것이 아니라 우리가 율법에 대해 죽음으로_____의 저주로부터 벗어나 자유하게 된 것을 말합니다.

(4) 정욕과 탐심이 죽음

(갈 5:24) 그리스도 예수의 사람들은 육체와 함께 그 정욕과 탐심을 십자가에 못 박았느니라

우리는 육체(죄악 된 본성)와 함께 그 정욕과 탐심을 십자가에 못 박았다고 하였습니다. 육체의 정욕과 탐심은 다 죽었습니다.

육체의 정욕과 탐심은 다 십자가에 못 박아 _____채로 놓아두어야 합니다.

(5) 세상에 대하여 죽음

(갈 6:14) 그러나 내게는 우리 주 예수 그리스도의 십자가 외에 결코 자랑할 것이 없으니 그리스도로 말미암아 세상이 나를 대하여 십자가에 못 박히고 내가 또한 세상을 대하여 그러하니라

'십자가에 못 박히다'는 현재완료동사로 표현되어 있으며 이는 계속해서 못 박혀 있어 왔다는 뜻입니다.

과거에 일어난 사건이지만 그 영향은 _____까지 계속되고 있습니다.

그리스도로 말미암아 우리는 세상에 대하여 죽었습니다.

그러므로 죽은 자처럼 세상에 대해 반응하지 말아야 합니다.

(요일 2:15) 이 세상이나 세상에 있는 것들을 사랑하지 말라 누구든지 세상을 사랑하면 아버지의 사랑이 그 안에 있지 아니하니

세상에 대해 죽은 자는 세상을 사랑하거나 ＿＿＿해서는 안 됩니다.

이 세상 부귀, 영화, 권세, 명예, 쾌락으로부터 죽은 자처럼 살아야 합니다.

(고전 15:31) 나는 날마다 죽노라

원리적으로는 단번에 죽었지만 실제로 내 생활 속에서는 ＿＿＿＿, 매 순간마다, 내가 죽어야 주님께서 나를 통해 사십니다.

2) 주님과 함께 부활에 참여한 사람은 어떻게 살아야 합니까?

(1) 새생명 가운데 행해야 합니다.

(롬 6:4) 그러므로 우리가 그의 죽으심과 합하여 세례를 받음으로 그와 함께 장사되었나니 이는 아버지의 영광으로 말미암아 그리스도를 죽은 자 가운데서 살리심과 같이 우리로 또한 생명 가운데서 행하게 하려 함이라

예수님께서 부활하심으로 우리도 이 부활의 ＿＿＿을 얻었습니다.

우리는 이 생명을 얻은 사람으로 생명의 지배를 받으며 삽니다.

(2) 의에 대하여 살아야 합니다.

(벧전 2:24) 친히 나무에 달려 그 몸으로 우리 죄를 담당하셨으니 이는 우리로 죄에 대하여 죽고 의에 대하여 살게 하려 하심이라

의로운 삶을 살게 되었습니다.

그러므로 우리는 더 이상 죄와 상관없이 ＿＿＿＿＿ 삶을 살도록 해야 합니다.

(3) 하나님께 대하여 살아야 합니다.

(롬 6:10) 그가 죽으심은 죄에 대하여 단번에 죽으심이요 그가 살아 계심은 하나님께 대하여 살아 계심이니 (롬 6:11) 이와 같이 너희도 너희 자신을 죄에 대하여는 죽은 자요 그리스도 예수 안에서 하나님께 대하여는 살아 있는 자로 여길

지어다

하나님께 대하여 살아 있는 것이란 하나님을 _____ 사는 삶, 다시 말해서 하나님의 영광을 위하여 사는 것을 말합니다.

(4) _____을 위해 살아야 합니다.

(고후 5:15) 그가 모든 사람을 대신하여 죽으심은 살아 있는 자들로 하여금 다시는 그들 자신을 위하여 살지 않고 오직 그들을 대신하여 죽었다가 다시 살아나신 이를 위하여 살게 하려 함이라

이제는 살아도 주를 위해서 살고 죽어도 주를 위해서 죽는 삶을 삽니다.

(5) 지체를 하나님께 드려야 합니다.

(롬 6:13) 또한 너희 지체를 불의의 무기로 죄에게 내주지 말고 오직 너희 자신을 죽은 자 가운데서 다시 살아난 자 같이 하나님께 드리며 너희 지체를 의의 무기로 하나님께 드리라

우리의 몸을 죄를 위해서가 아니라 의의 _____로 죄와 싸우기 위해 하나님께 드려야 합니다.

그래서 죄와 투쟁하는 삶을 살아야 하는 것입니다.

3. 땅의 것이 아니라 '위의 것'을 찾아야 합니다.

골로새서 3장에 보면 새생명을 얻은 자가 추구해야 할 삶의 방향에 대해 말씀해 주고 있습니다.

1) 땅의 것을 추구하지 말고, '위의 것'을 찾으라

(골 3:1) 그러므로 너희가 그리스도와 함께 다시 살리심을 받았으면 위의 것을 찾으라 거기는 그리스도께서 하나님 우편에 앉아 계시느니라

여기서 '위의 것'은 _____에 있는 것입니다.

'위의 것'을 찾는 이유는 그리스도께서 하늘에 계시고, 하나님 우편에 앉아 계시기 때문입니다.

나의 생명, 나의 사랑이신 그리스도께서 계신 곳이므로 우리의 관심을 기울여 간절히 찾아야 합니다.

2) '위의 것'을 생각하고 '땅의 것'을 생각지 말라

(골 3:2) 위의 것을 생각하고 땅의 것을 생각하지 말라

1절에서 '위의 것을 찾으라'가 행동을 가리킨다면 '위의 것을 생각하라'는 행동을 낳는 ____의 자세를 말합니다. 생각에서 행동이 나옵니다. '땅의 것'은 물질적인 것입니다. '위의 것'을 생각하는 것은 하나님과 하늘나라에 ____을 두고 사는 것을 말합니다.

그런데 많은 성도가 '땅의 것'을 생각하며 '땅의 것'에 집착하며 살고 있습니다.

(빌 3:19) 그들의 마침은 멸망이요 그들의 신은 배요 그 영광은 그들의 부끄러움에 있고 땅의 일을 생각하는 자라

땅의 일을 생각하는 자의 마침은 멸망이고, 그 영광은 부끄러움에 있습니다.

3) '위의 것'을 생각하고 '땅의 것'을 생각지 말아야 할 이유

(1) 그리스도와 함께 땅에 속한 옛사람이 그리스도와 함께 십자가에 죽었고, 땅의 것에 대해 죽었기 때문입니다.

(골 3:3) 이는 너희가 죽었고 너희 생명이 그리스도와 함께 하나님 안에 감추어졌음이라

성도는 '땅의 것'을 탐하는 옛 본성이 과거에 죽어 없어졌습니다.

하늘의 것에 관심이 없고 땅의 것을 추구하는 사람이라면 ____ 그리스도인이지 실상은 거듭나지 못하고 구원받지 못한 사람일 것입니다.

(2) 새생명은 미래에 ____중에 나타날 것이기 때문입니다.

(골 3:4) 우리 생명이신 그리스도께서 나타나실 그 때에 너희도 그와 함께 영광 중에 나타나리라

(빌 3:21) 우리의 낮은 몸을 자기 영광의 몸의 형체와 같이 변하게 하시리라

주님께서 재림하실 때 주님과 같은 영광스러운 몸으로 변화될 것입니다.
이렇게 우리는 주님과 함께 죽고 살았으며 장차 ____에 참여할 것이므
로 땅의 것을 바라보지 말고 하늘의 것을 생각하며 추구해야 합니다.
우리는 땅에 속해 살고 있지만 ___을 바라보며 살아야 하는 존재입니
다.

1. 내가 어떻게 그리스도와 함께 죽고 살게 되었습니까?
   이제 내가 무엇에 대해 죽어야 하고 어떻게 살아야 합니까?

2. 나를 통해 주님이 나타나시고, 성령의 능력이 나타나도록 하기 위해서
   는 어떻게 해야 합니까?

3. 나는 하늘의 것을 추구하고 있습니까, 땅의 것을 추구하고 있습니까?
   내가 추구하는 땅의 것은 어떤 것입니까?

4. 내가 살기 위해서 구체적으로 죽어져야 할 것이 무엇입니까?
   또한 내가 버려야 할 세상 자랑과 세상 사랑은 무엇입니까?

이 과를 마치면서

1. 주님의 십자가를 깊이 묵상하며 내가 죽고 주님이 사시도록 기
   도하십시오.

소감 및 깨달은 말씀

7. 구원 간증문

"네가 그를 위하여 모든 사람 앞에서 네가 보고 들은 것에 증인이 되리라" (행 22:15)

7

그리스도인은 모두 그리스도의 ____입니다.

증인은 자신이 보고 들은 사실에 대해서 증거하는 사람입니다.

예수 믿는 사람이라면 자신이 구원받은 ____이 있습니다.

그 구원받은 사건을 정리해 놓은 것이 구원 간증문입니다.

우리는 바울의 구원 간증을 통하여 구원 간증문을 어떻게 작성하고 효

과적으로 ________에 사용할 것인가를 배울 수 있습니다.

1. 구원 간증이란 무엇입니까?

구원 간증이란 하나님께서 나에게 어떻게 역사하셔서 구원을 이루셨
는가를 이야기하는 것입니다.

다시 말해서 내가 _____ 구원받았는가를 말하는 것입니다.

(행 22:15) 네가 그를 위하여 모든 사람 앞에서 네가 보고 들은 것에 증인이 되
리라

바울은 보고 들은 사실에 대해 증인이 되어야 했습니다.

2. 작성 시기

가급적 구원받은 후 __달 이내에 하는 것이 좋습니다.

그렇지 않으면 구원받았던 사건을 ____하지 못하고 그 때의 은혜를 잊
어버리기가 쉽습니다. 그러므로 가능한 빨리 작성하는 것이 좋습니다.

3. 간증의 유익

　1) 자신의 구원을 확인할 수 있습니다.

구원 간증문을 작성해 놓으면 누가 구원받았느냐고 물어도 흔들리지
않고, 또한 나는 이렇게 구원받았다고 자신의 구원을 ____ 있게 말할
수 있습니다.

　2) 구원의 ____을 보존하게 됩니다.

(히 2:1) 그러므로 우리는 들은 것에 더욱 유념함으로 우리가 흘러 떠내려가지
않도록 함이 마땅하니라

구원의 은총도 시간이 지나면 흘러 떠내려가거나 잃어버릴 수 있습니다.
간증문을 작성해 놓으면 구원의 은총을 잊지 않고 보존할 수 있게 됩니다.

4. 구원 간증을 해야 하는 이유

　1) 하나님의 명령

(시 107:2) 여호와의 속량을 받은 자들은 이같이 말할지어다

하나님께서는 구원받은 사람에게 구원의 은총을 말하라고 하셨습니다.

(눅 8:39) 집으로 돌아가 하나님이 네게 어떻게 큰 일을 행하셨는지를 말하라 하시니 그가 가서 예수께서 자기에게 어떻게 큰 일을 행하셨는지를 온 성내에 전파하니라

예수님께서는 거라사의 귀신들린 자를 구원해 주시고 하나님께서 행하신 이 큰 구원을 ______고하라고 하셨습니다.

2) 복음전도에 효과적

(벧전 3:15) 너희 속에 있는 소망에 관한 이유를 묻는 자에게는 대답할 것을 항상 준비하되 온유와 두려움으로 하고

우리에게 소망에 관한 이유를 묻는 사람과 구원의 ______를 알기 원하는 사람에게 구원 간증은 효과적인 전도의 도구가 됩니다.

3) ____에게 전하기 위해

(출 12:26) 이 후에 너희의 자녀가 묻기를 이 예식이 무슨 뜻이냐 하거든 (출 12:27) 너희는 이르기를 이는 여호와의 유월절 제사라 여호와께서 애굽 사람에게 재앙을 내리실 때에 애굽에 있는 이스라엘 자손의 집을 넘으사 우리의 집을 구원하셨느니라 하라

이스라엘 백성들은 애굽에서의 구원 사건을 ______을 통해 영원히 기념하면서 자녀들에게 이 하나님의 구원을 대대로 전하고 있습니다.

5. 간증의 가치

1) 개인적인 ____입니다.

내가 구원받은 사건은 나에게만 있는 개인적인 사건입니다.

나에게 일어난 사건은 다른 사람들이 거부감을 느끼지 않고 ____를 느끼며 듣고 싶어 합니다. 그러므로 간증은 언제 들어도 흥미롭습니다.

2) ____받지 않습니다.

나에게 일어난 사실을 말하는 것이므로 그 누구도 비난할 수 없습니다.
바울의 다메섹 도상의 ＿＿ 사건도 그 사건이 믿어지건 믿어지지 않건
간에 그 사실 자체에 대해서는 아무도 반박하거나 비난할 수 없는 것
입니다.

　　3) ＿＿하기가 쉽습니다.
복음을 제시하려고 하면 외워야 할 것도 있지만 구원 간증은 자신이
경험한 것이기 때문에 어려움을 느끼지 않고 ＿＿있게 이야기할 수 있
습니다.

6. 간증문 작성의 실례
바울의 구원 간증은 사도행전(22, 26장)에 두 번 기록되어 있습니다.
　　1) 구원받기 전의 상태(삶) (행 22:1-5)
(행 22:3) 바울은 유대인이고, 길리기아 다소에서 태어났고, 예루살렘
에서 가말리엘에게 율법을 배워 하나님께 열심을 가지고 있었습니다.
(행 22:4) 기독교를 핍박하여 남녀를 결박하여 옥에 넘겼습니다.
(행 22:5) 외국인 다메섹까지 가서 믿는 사람들을 ＿＿＿ 오려고 하였습
니다.
　　2) 구원 받게 된 과정(경위) (행 22:6-16)
누가: 예수님이, 언제: 오정쯤 되어, 어디서: 다메섹에 가까웠을 때에
무엇을: (행 22:6, 7, 8, 10) 바울은 부활하신 예수님을 만나게 되었고
그의 말씀을 듣게 되었습니다. 왜: (행 22:11) 그 빛의 광채를 인하여
어떻게: (행 22:11-13) 볼 수 없게 되어 사람들의 손에 끌려 다메섹에 들
어갔고, 경건한 유대인인 아나니아에 의해 눈을 뜨게 되었습니다.
(행 22:15) 바울은 보고 들은 것에 대한 예수님의 증인의 사명을 받았
습니다.
(행 22:16) 그래서 ＿＿＿를 받았고, 이렇게 해서 바울은 구원받게 되었

습니다.

3) 구원받은 후 삶의 변화 (행 22:17-22)

사도행전 9장과 26장에 보면 바울은 _____ 다메섹에 들어가 예수님을 증거하였습니다. 그러나 유대인들이 바울을 죽이려고 하였습니다.

바울은 계속해서 가는 곳마다 복음을 전하는 삶을 살았습니다.

(행 22:17, 18, 21) 바울이 예루살렘 성전에서 기도할 때에 주님께서 예루살렘에서 떠나 이방인에게 가라고 말씀하셨습니다.

그래서 바울은 이방인에게 갔습니다.

26장에서는 예수님의 죽으심과 부활의 복음을 증거하고 있습니다.

그리고 당시 세계의 중심이었던 ___ 선교의 비전을 가지고 살았습니다.

7. 주의점

1) _______중심으로 합니다.(C: Christ Centered)

자신을 드러내고 자랑하기 위한 것이 아니라 그리스도를 증거하기 위한 것이 되어야 합니다.

'주님께서 나에게 이렇게 해주셨다' 고 증거해야 합니다.

2) 하나님의 ____을 사용합니다.(U: Use the word of God)

내가 읽거나 들었던 말씀을 기억했다가 어떤 말씀을 통해서 깨닫고 구원을 받았는지 그 근거를 말하도록 합니다.

3) 개인적으로 합니다.(P: Personally)

항상 1인칭으로 '내가' 를 사용하고, '여러분' 등의 2인칭을 사용하지 말아야 합니다. 바울은 '내가' , '나의' 등 계속 1인칭을 사용했습니다.

설교하려고 하지 말고 ____를 해야 합니다.

4) 짧게 합니다(S: Shortly)

자신의 모든 이야기를 다 말하려고 하지 말고 _______내용을 A4 용지 한 장 정도로 짧고 간결하게 합니다. 4-6분의 분량이 좋습니다.

8. 간증문 작성의 방법

1) 그리스도를 믿기 전

① 자신의 _____를 너무 길게 전부 나열하지 말고 사소한 사항은 생략합니다.

② 나누기 거북하거나 덕이 되지 않는 것은 나누지 말고 부담이 없는 것으로 합니다.

③ 자신의 나쁜 점만 너무 강조하지 말고 좋았던 점도 제시합니다.

④ 누구나 가지고 있는 인생의 _____을 다루면서 실례를 드십시오.

사람이 어디서 와서 무엇을 하다가 어디로 가는 것인가?

인생의 목적은 무엇이고 삶의 의미는 무엇인가?

삶의 _____이 없고, _____과 평안이 없는 삶의 문제

인생이 아무런 소망이 없고 _____ 삶의 문제

죽음에 대한 공포와 심판에 대한 두려움

죄에 대한 고통과 죄악 된 습관들. 내가 과거에 ___하며 살았던 것.

⑤ 소위 모태신앙은 과거의 형식적인 신앙생활을 말할 수도 있습니다.

⑥ 사실 그대로 쓰십시오.

2) 믿게 된 과정(경위)

① 예수님을 어떻게 믿게 되었는가를 설명합니다.

듣는 사람이 구원을 얻을 수 있도록 복음의 _____가 명확히 드러나야 합니다.

대개 들어 보면 어떻게 믿게 되었고 구원을 받았는지 알 수 없는 경우가 많습니다.

② 믿게 된 성경 말씀을 한 두 구절 인용합니다.

성경 말씀을 인용하면 자신과 듣는 사람에게 _____을 더해 줍니다.

③ 기독교적인 용어를 사용하지 말고 _____ 용어를 사용합니다.(예: 보혈, 대속 등)

④ 바울과 같이 보고, 듣고, 경험한 것에 대해 ____ 원칙으로 정리합니다.
언제, 어디서, 누구에게, 무엇을, 왜, 어떻게 구원을 받게 되었는지
말합니다.

3) 믿은 후의 변화

① 믿기 전과 후가 ____을 이루어야 합니다.
너무 어두운 면만 드러나지 않고 밝은 면과 대조를 이루도록 한다면
큰 도전을 주게 될 것입니다.

② 믿기 전의 자신의 ____가 어떻게 해결되었는지 밝히고, 실제로 변
화된 사건을 실례로 드십시오.
바울은 유대인의 편협한 선민사상이 해결되었고, 이방인의 사도가
되어 이방인에게 가서 복음을 전하게 되었습니다.
질병 치유를 간증할 수도 있습니다.

③ 어떤 성경 말씀이 나에게 많은 ____을 끼쳤는지 밝히는 것이 좋습
니다.

④ 나의 변화된 삶을 계속 덧붙이면 더욱 감동적이 될 것입니다.

⑤ 믿은 후의 변화를 과거, 현재, 미래로 나누어 작성합니다.

㉠ 과거- '나는 예수님을 믿고 이렇게 변화되었고, 인생의 문제가 이
렇게 해결되었으며, 이런 축복을 받았다' 고 정리할 수 있습니다.
바울처럼 어떤 ____것보다 내 마음에 찾아온 평안, ____, 인생의 목
적과 의미 발견, 죄 사함의 축복, ____의 변화 등을 말하는 것이 좋
습니다.

㉡ 현재- 나는 현재 주를 위해 이렇게 살고 있습니다.
바울은 핍박을 받으며 이방 세계에 복음을 전하고 있다고 하였습니다.

㉢ 미래- 나는 앞으로 이렇게 살려고 합니다.
자신의 ____이나 주께서 주신 비전 등이 있다면 제시합니다.

구원 간증문을 가지고 간증 전도할 때는 서론과 마지막 권면을 넣으십시오.

　1) 인사말

______을 찾아 듣는 사람이 동질감을 느끼도록 하면 좋습니다.

바울이 히브리 방언으로 말할 때 유대인들은 조용히 들었습니다.

　2) 구원 간증을 이야기합니다.

　3) 믿음에로의 권면

사도행전 26:26-29에서 바울은 자기의 간증 후에 아그립바 왕에게 전도하였습니다.

예수님을 믿고 영접하여 구원을 얻으라고 도전하고 ___하게 하십시오.

1. 구원 간증문은 어떻게 작성하고, 전도할 때는 어떻게 사용하면 좋습니까?

2. 나의 구원 간증문을 작성하십시오.

　구원 간증문을 작성하기 전에 먼저 초안을 작성하고 기록하십시오.

3. 나의 영적 지도자에게 간증문을 보여주고 교정을 받으십시오.

　나의 구원 간증을 믿는 가족이나 친구에게 나누어 보십시오.

4. 나는 누구에게 구원 간증을 들려주고 복음을 전하겠습니까?

이 과를 마치면서

　1. 나의 구원 간증문을 평가해 보십시오.

　（세 요소의 포함과 시간 분배）

소감 및 깨달은 말씀

출 석 부

제　　　권　　　제자양육, 훈련, 무장 과정　　　단계

출석 ⟋8 - 지각　　　　　　예습 A,B,C 중　　　　기도 5번 일 : 10분 이상

날짜	과	이 름	출 석	예 습	성경읽기	기 도	큐 티	암 송	과 제	인도자

출 석 부

두루제자훈련 제자화 과정 •

| 제자 양육 과정 5단계(35과) |

1권 110 제자 양육 1단계(7과): 그리스도의 복음

2권 120 제자 양육 2단계(7과): 그리스도인의 성장

3권 130 제자 양육 3단계(7과): 그리스도인의 새생활

4권 140 제자 양육 4단계(7과): 그리스도의 교회

5권 150 제자 양육 5단계(7과): 그리스도인의 예배

| 제자 훈련 과정 5단계(35과) |

6권 210 제자 훈련 1단계(7과): 그리스도인의 새생명

7권 220 제자 훈련 2단계(7과): 그리스도인의 확신

8권 230 제자 훈련 3단계(7과): 그리스도인의 생활

9권 240 제자 훈련 4단계(7과): 그리스도의 교리

10권 250 제자 훈련 5단계(7과): 그리스도인의 성숙

| 제자 무장 과정 5단계(35과) |

11권 310 제자 무장 1단계(7과): 그리스도의 제자

12권 320 제자 무장 2단계(7과): 그리스도인의 성품

13권 330 제자 무장 3단계(7과): 그리스도의 제자도

14권 340 제자 무장 4단계(7과): 그리스도인의 사역

15권 350 제자 무장 5단계(7과): 그리스도인의 지도력

우리는 평신도를 제자화하여 하나님의 나라를 확장한다.

1. 1992.1.28. 마태복음 9:35-38에 예수님이 모든 도시와 마을에 두루 다니사 가르치시며 (teaching ministry) 전파하시며(preaching ministry) 고치시는(healing ministry) 사역을 하신 것을 통하여 두루선교에 대한 비전을 주셨다.

2. 우리는 교회를 중심한 제자훈련을 열심히 실시하여 왔으며 우리의 목표는 평신도를 제자화하여 하나님 나라를 확장하는 것이다.

3. 2004. 9.5. 창대교회에서 두루선교대회를 개최하여 캠퍼스 간사와 리더들과 평신도 리더들을 파송하고 지부와 교회 사역자들과 후원 이사들을 위촉하였다.

4. 두루제자훈련원 세미나는 2004년 12월 겨울학기부터 시작하게 되었는데 1년 7학기 로 정기세미나를 실시하고 있다.

   1) 초봄 학기: 2월~3월 7주   4) 여름 학기: 8월 집중   7) 겨울학기: 1월 집중
   2) 봄 학기: 4월~5월 7주   5) 가을 학기: 9월~10월 7주
   3) 늦봄 학기: 6월~7월 7주   6) 늦가을학기: 11월~12월 7주

5. 현재 세미나는 목회자반과 평신도반이 개설되어 있으며 캠퍼스는 연세대, 서울대, 이 화여대 등 여러 대학에서 사역하고 있다.

6. 두루제자훈련원 중점 사역들(교회 중심의 제자훈련)

   1) 단계별 소그룹 성경공부

      ① 제자양육과정(5단계: 35과)

      ② 제자훈련과정(5단계: 35과)

      ③ 제자무장과정(5단계: 35과)

   2) 주제별(연역적인 방법) 성경강의(100 Topics)

   3) 책별(귀납적인 방법) 성경연구(신구약 66권)

   4) 제자수련회를 통한 영성훈련

7. 세미나 및 교재에 대한 문의

   두루제자훈련원 평생 전화/ 0505-500-0505

   이메일 · duru@hanmail.net   홈페이지 · www.durums.org

   해외나 멀리 계신 분은 인터넷으로 통화할 수 있습니다.

8. 해외나 지역, 교회, 캠퍼스, 직장 등에서 제자훈련 사역을 하실 분은 연락 바랍니다.

9. 등록 및 후원 입금계좌: 신한은행 110-115-963454 (계좌명: 두루선교회)

저자 이문선 목사

총신대학교 신학대학원 3년 재학 중 제자훈련을 연구하여 논문을 작성하였고 캘리포니아신학대학원에서 제자훈련 논문을 출판하였다. 비브리칼신학대학원 목회학 박사과정 논문을 준비하고 있으며 지금까지 20년 이상 제자훈련을 연구하며 실시하고 있다. 현재 대한예수교장로회 총회(합동) 서울북노회 창대교회(일산) 담임목사로 섬기고 있으며 프리셉트 전문 강사로 일산을 중심으로 1998년부터 8년째 90학기(10주 과정) 정도 신구약 성경을 강의하였다. 두루제자훈련원(두루선교회)을 설립하여 2004년 12월부터 1년 7학기로 정기세미나를 인도하고 있으며 현재 목회자반과 평신도반을 강의하고 있고 연세대와 서울대와 이화여대를 중심으로 캠퍼스 사역을 실시하고 있다.

논문: 제자훈련의 이론과 실제
교재: 두루제자화 과정

제1권 110 제자양육 1단계 그리스도의 복음	제2권 120 제자양육 2단계 그리스도인의 성장
제3권 130 제자양육 3단계 그리스도인의 새생활	제4권 140 제자양육 4단계 그리스도의 교회
제5권 150 제자양육 5단계 그리스도인의 예배	제6권 210 제자훈련 1단계 그리스도인의 새생명
제7권 220 제자훈련 2단계 그리스도인의 확신	제8권 230 제자훈련 3단계 그리스도인의 생활
제9권 240 제자훈련 4단계 그리스도의 교리	제10권 250 제자훈련 5단계 그리스도인의 성숙
제11권 310 제자무장 1단계 그리스도의 제자	제12권 320 제자무장 2단계 그리스도인의 성품
제13권 330 제자무장 3단계 그리스도의 제자도	제14권 340 제자무장 4단계 그리스도인의 사역
제15권 350 제자무장 5단계 그리스도인의 지도력	

두 루 제 자 훈 련 원   제 자 화   과 정

제3권 제자양육 3단계 그리스도인의 새생활

초판1쇄 발행일 | 2006년 3월 2일
재판6쇄 발행일 | 2024년 9월 10일

지은이 | 이문선 펴낸이 | 김학룡 펴낸곳 | 엔크리스토
마케팅 | 유영진, 조형준 관리부 | 강주영, 황동주, 정원모
교정 | 김의수, 임유진 표지그림 | 진형주

출판등록 | 2004년 12월 8일(제2004-116호)
주소 | 경기도 고양시 일산동구 장항동 585-2
전화 | (031) 906-9191 팩스 | 0505-365-9191
이메일 | 9191@korea.com
공급처 | (주)기독교출판유통

ISBN 89-92027-05-2 04230
      89-92027-02-8(세트)

● 잘못된 책은 바꾸어 드립니다.
● 이 교재의 사용 방법, 내용, 훈련, 세미나에 대한 문의는 두루제자훈련원(0505-500-0505)으로 해주시면 최선을 다해 도와드리겠습니다.